そうだったのか、乗りかえ駅

複雑性と利便性の謎を探る

西森　聡
Nishimori Sou

交通新聞社新書　088

はじめに

幾筋かの道が集まる「辻」には、魔物が現れるという。何本かの路線が交わる乗りかえ駅も時に「逢魔《おうま》が辻」となって、通り過ぎる人を惑わせる。

中央線沿線に暮らす私は、新宿駅で山手線や埼京線に乗りかえることが多いが、「スペーシアきぬがわ」やE351系「スーパーあずさ」が視界の端にちらりと入ると、魔物に魅入られたかのように（大げさだけれど）飛び乗りたくなることがある。

乗りかえ駅は危険な場所だと思う。たくさんの路線が集まっていて、予定にないのに路線の先まで行ってみたくなるし、多種多様な列車、車両が出入りするから、日がな一日眺めていても（おそらく）飽きない。複雑に入り組んだ駅構内の配線にも奥深いものがあって、興味が尽きない。

そもそも、乗りかえ駅とは、どのような駅を指すのだろうか？

乗りかえ駅は、「2本以上の路線が乗り入れていて、列車の乗りかえが可能な駅」とされていて、連絡駅や接続駅と呼ばれることもある。一般的には、各鉄道会社が当該駅での乗りかえを案内している、乗車駅から下車駅まで切符を買い直したり精算したりする必要がない連絡切符――いわゆる通しの切符で乗車ができる駅を、制度上の乗りかえ駅としている鉄道会社が多いようだ。

しかし実際、どの駅が乗りかえ駅なのかということになると、これが、なかなかどうして難しい。もちろん、乗りかえ駅でどのように移動すればいいのかという現実の問題も、相当に厄介だ。「○○行きの列車にお乗りかえのお客様は、×番線にお回りください」というアナウンスがあっても、その×番線がどこにあるのかわからなくて、ホームを右往左往。一度下りた階段をまた上がったり、別の階段を上がったり。こんなこと、よくありますよね。

乗りかえ駅はまた、不変不動ではなく、たえず姿形を変えている。新線開通や廃線などによって、新しい乗りかえ駅が生まれたり、去年まではあったはずの駅が消えていたり。

このような混沌とした問題はすべて、乗りかえ駅に潜んでいる魔物のしわざだと思うのだが、どうだろう？ 身近な例を挙げてみよう。

東京メトロの赤坂見附駅と永田町駅は、ホームとホームが連絡通路でつながっていて、乗りかえ案内が行われている。しかし実際のところ、銀座線や丸ノ内線の赤坂見附駅ホームから南北線の永田町駅ホームまでは、階段やエスカレーターを上り下りし、200メートルもある半蔵門線のホームを歩き、さらに動く歩道まで使って、最短でも610メートルほど歩かなければならない。これを乗りかえと呼ぶのは、ちょっとコワいと思いませんか？　行き先にもよるけれど、銀座線と南北線なら溜池山王駅で、丸ノ内線と南北線なら四ツ谷駅で乗りかえたほうが、いくぶんかはラクで便利だろう。

また、JR御茶ノ水駅と丸ノ内線の御茶ノ水駅は乗りかえ駅で、JR御茶ノ水駅と千代田線の新御茶ノ水駅も乗りかえ駅だが、丸ノ内線の御茶ノ水駅と千代田線の新御茶ノ水駅は東京メトロの駅同士であるのに乗りかえ駅ではない。

新御茶ノ水駅と丸ノ内線の乗りかえ駅は、都営地下鉄新宿線の小川町駅を通り抜けた先の淡路町駅で、地下道を延々400メートルほども歩かねばならない。これは別に珍しい例ではなく、東京や大阪などの大都市の乗りかえ駅ではよくあることだ。

構内の案内表示を追っていき、最終的に乗りかえホームにたどり着くことができるのならばまだいいのだが、乗りかえ案内に従って進んでいくと、改札口を出て一般道に出てしまうこともある。これはけっこう困る。たとえば、JR両国駅と都営地下鉄大江戸線の両国駅。この2駅は同一駅の扱いだけれど、間に江戸東京博物館がそびえていて、改札口から改札口までは400メートルもある。

また、JR津田沼駅と新京成電鉄新津田沼駅のように、ビルの間の公道を400メートルも歩いて乗りかえる例もある。このような乗りかえは「徒歩連絡」というけれど、400メートルは陸上競技のトラック1周分の距離であり、これだけ離れた駅を「制度上は乗りかえ駅である」と理解しようとしても、釈然としない。

「乗りかえ諸問題」はまだ続く。特急や急行と各停との乗りかえを行う「緩急連絡」のように、一本の路線を移動する際にも乗りかえが発生することがある。これも乗りかえの一種ですね。で、長距離鈍行が激減し、各停列車が短区間のフリークエンシー（頻発）サービスを行っている現在では、長距離移動を行おうとする場合、主要駅で乗り継いでいかなければならない。たとえば、各停だけを利用して東北本線を北上しようとすると、宇都宮駅、黒磯駅、郡山駅、福島駅、白石駅、仙台駅、小牛田駅、一ノ関駅など、上野駅から盛岡駅までの間に5、6回の乗りかえが必要になる。これは極端な例ではあるかもしれないが、積極的にやってみたい乗りかえの一つ。私の場合ですが。

話は少々ずれて支線に入ってしまうが、ある一定の駅間を移動する際に、どの路線を使って、どの駅で乗りかえるかという問題も、いわゆる一つの乗りかえ駅問題である。「一番早いルートは？」「一番安いルートは？」といった基本的な課題のほか、「乗りかえが少なくて楽なルートは？」「どの路線のどの列車に乗りたいか」等、乗りかえの選択肢は山ほどある。

このように、おそらく乗りかえ駅と乗りかえにまつわる話には際限がない。やはり「辻」には魔物がいるのだ。

そうとなれば、やはり原初までたどらなければなるまい。まずは日本の鉄道の始まりまでさかのぼって、山手線を代表に乗りかえ駅が誕生した背景や経緯を追ってみよう。これを乗りかえ駅前史とし、Ⅰにまとめた。乗りかえ駅の歴史は鉄道史に重なるので、このパートはちょっと硬めだが、ゆるりとお付き合いください。それから、移転、併合、消滅、再生などの移り変わりをたどれば、また別の魔物の顔も見えてくるだろう。

歴史から見る乗りかえ駅、構造から見る乗りかえ駅、乗りかえ駅ではない乗りかえ駅、用がなくても乗りかえたい乗りかえ駅……。私なりの視点から、乗りかえ駅の複雑怪奇な秘密に迫ってみたい。

そうだったのか、乗りかえ駅——目次

写真／西森 聡・交通新聞サービス
本書データは2016年2月4日現在。

I　乗りかえ駅の誕生

乗りかえ駅は山手線から始まった

1872（明治5）年5月7日（旧暦）、官営鉄道が品川駅〜横浜駅（現桜木町駅）間で仮営業を始めた。同年9月12日（旧暦、太陽暦では10月14日）に新橋駅（後の汐留駅、現廃止）〜横浜駅間の鉄道開業式が催され、翌日から営業運転を開始した。鉄道や郵便など、さまざまな事業や制度が新たに始められたり変更されたりしていた、近代日本の幕開けの時代の話である。暦法もこの年の12月2日に旧暦から太陽暦に切り替えられて、切り替え翌日が1873年1月1日となった。

続いて、1874年5月11日（太陽暦、以下同）に官営鉄道の大阪駅〜神戸駅間が、1880年9月7日に工部省釜石鉄道が、同年11月28日に官営幌内鉄道が、1883年7月28日に日本鉄道の上野駅〜熊谷駅間が、相次いで開業した。

日本で最初の鉄道は官営で建設されたが、西南戦争の戦費などで財政が悪化した明治政府に鉄道建設の資力はなく、その後は私鉄を中心に日本各地で鉄道路線の建設が進められた。1889年の甲武鉄道（現中央本線）新宿駅〜立川駅間の開業をはじめとして、都内近郊でも、総武鉄道（現総武本線）や川越鉄道（現西武国分寺線、新宿線）などの私鉄によって、新しい路線が次々に建設されていった。

なかでも日本鉄道は、東北本線や高崎線、常磐線などの各路線を建設、運営していた、日本初にして最大規模の私鉄だった。日本鉄道、それから、山陽鉄道、関西鉄道、九州鉄道、北海道炭礦鉄道の5社は明治期の5大私鉄と称され、これらの私鉄各社によって日本の鉄道の骨格が形作られていったのである。

しかし、1906年に鉄道国有法が公布され、状況は大きく変わる。鉄道国有法は、国家の基幹となる鉄道幹線は国営にすべきという政府や軍部の意向を反映すべく定められた法令で、5大私鉄や、甲武鉄道、総武鉄道など17の私鉄が国に買収され、官営鉄道に組み込まれることになった。鉄道国有法施行前に官営鉄道が所有していた路線は約2520キロにすぎなかったが、買収された17社の路線の総延長は、実に4550キロに達していた。ちなみに、川越鉄道や東武鉄道（現東武伊勢崎線・東武スカイツリーライン）、河南鉄道（現近鉄南大阪線）など、15社の私鉄も買収対象となっていたが、結局、官営化されなかった。もしも当時、これら15社の路線も官営化されていたら、日本の鉄道路線網は今とは違うものになっていただろう。

第二次世界大戦中には、戦時買収私鉄として青梅電気鉄道（青梅線）、南武鉄道（南武線）、鶴見臨港鉄道（鶴見線）、北海道鉄道（千歳線）、豊川鉄道（飯田線）など、22社の私鉄が国有化された。また、戦時体制下の1938（昭和13）年に施行された陸上交通事業調整法によって、東急電鉄、小田急電鉄、京急電鉄、京王電鉄を統合した「大東急」や、近畿日本鉄道と南海電鉄が合併した近畿日本鉄道などの巨大私鉄も誕生している。

戦後、1949年には日本国有鉄道が発足。1987年4月1日、国鉄の分割民営化により、鉄道事業が北海道、東日本、東海、西日本、四国、九州、貨物のJR7社に分割されたことは、ご存じのとおりだ。

150年近くに及ぶ鉄道の歩みの中で、このように、さまざまな形で鉄道路線の建設や買収、売却、合併、分割、赤字路線の第三セクター化などが行われてきた結果、日本列島には複雑な路線網が構成された。そして、その路線の接触点に、多彩な乗りかえ駅が設けられてきたのである。

日本初の乗りかえ駅は品川駅と赤羽駅

大勢の乗客を乗せた11両編成の電車が、終日2～3分ごとにぐるぐると走っている山手線は、日本きっての通勤通学路線である。しかし、建設当初はもっぱら貨物輸送が中心で、旅客列車は1日わずか3往復。旅客扱いを行わない駅すらあった。山手線建設は、当時の日本の最大の輸出品である北関東の生糸を横浜港に運ぶことを目的として計画され、そのため、集落もまばらな武

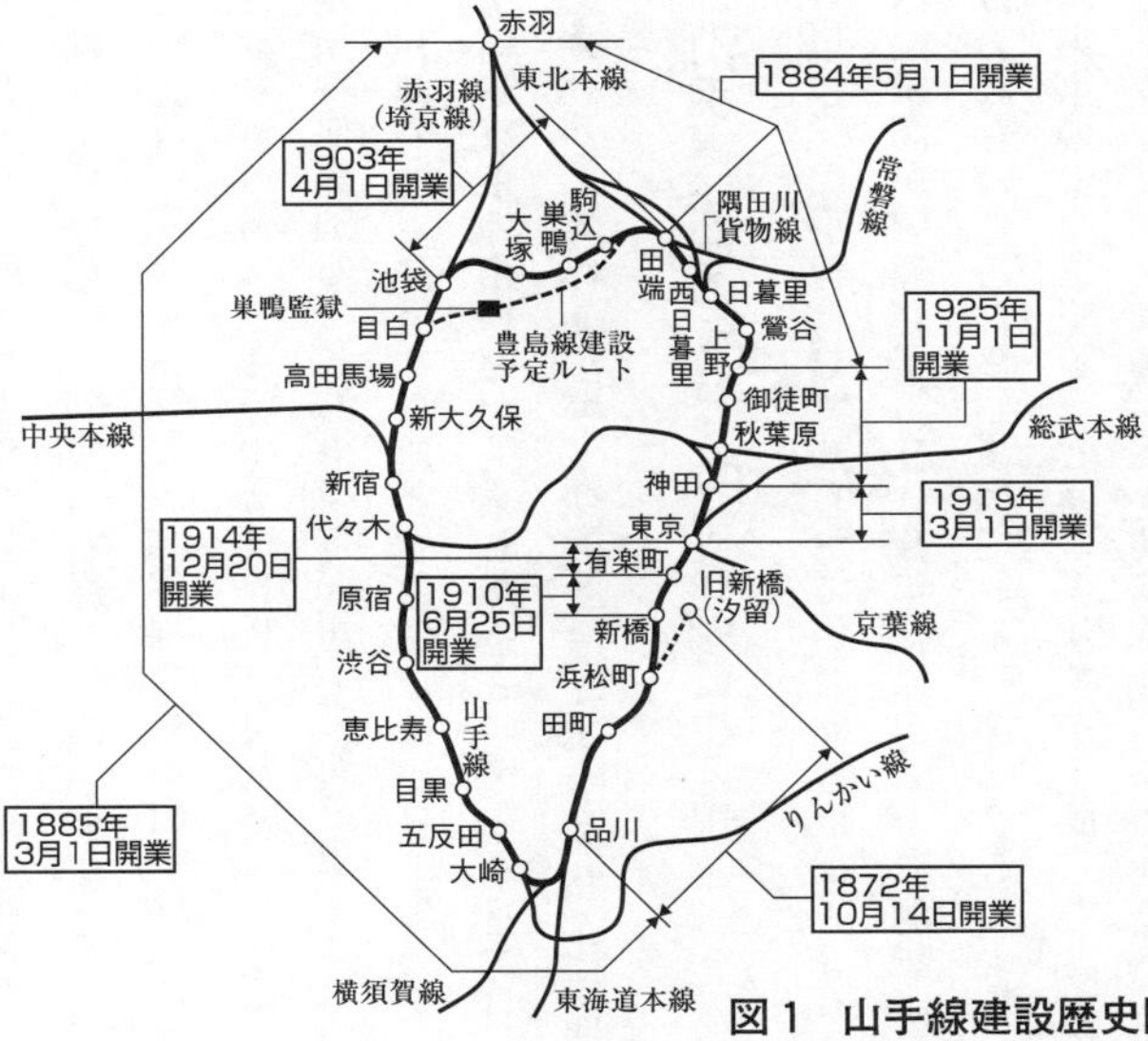

図1　山手線建設歴史図

蔵野台地を貫くように建設された。東京副都心の駅として今をときめく新宿駅も渋谷駅も、開業当初は人影まばらな寂しい姿で、池袋にいたっては、駅すら設けられていなかった。

そんな山手線の各駅が、いかにして現在のような巨大ターミナルに変貌していったのか。開業当時までさかのぼって、駅の移り変わりや発展の過程を追ってみることにしよう。

明治中期までに建設された各路線は独立した線区として誕生したが、やがて幹線と幹線が結ばれ、幹線から支線が分岐し、各地に乗りかえ駅が生まれていった。その第1号が、品川駅と赤羽駅である。

1885（明治18）年3月1日、官営鉄道新橋～横浜線の品川駅と、日本鉄道上野～前橋（当時は内藤分停車場、利根川右岸）線の赤羽駅とを結ぶ日本鉄道品川線が開通した。現在の路線名でいえば、東海道本線と東北本線を結ぶ山手線・赤羽線（埼京線）が開通して、日本で初めての、2路線が乗り入れる乗りかえ駅が生まれた。1894年には大崎駅と大井方面を結ぶ短絡線の品川南線が開通し、貨物列車は品川駅で折り返すことなく、横浜に直行できるようになった。

初期の馬車鉄道も鉄道とするならば、日本初の乗りかえ駅が生まれたのは、新橋駅前と日本橋を結ぶ東京馬車鉄道が開業した1882年6月25日で、新橋駅の名前が浮上してくるのだが、初の乗りかえ駅は品川駅と赤羽駅ということで、まず間違いないだろう。

山手線29駅のうち、27駅が乗りかえ駅

現在、山手線として知られている路線は、1903（明治36）年に日本鉄道豊島線の池袋駅～田端駅間が開通し、1909年に品川駅～赤羽駅間と池袋駅～田端駅間に山手線という名称が付けられたところから始まっている。1925（大正14）年には上野駅～神田駅間が開通し、ここに東京の中心をぐるりと囲む環状線が完成した。山手線34・5キロのうち、西側から北側にかけての品川駅～新宿駅～上野駅の区間、全線の3分の2以上に当たる24・1キロは日本鉄道によっ

て建設され、残りの区間は官営で建設された。

路線名としては、田端駅〜東京駅間は東北本線、東京駅〜品川駅間は東海道本線であるが、電車の運転系統から見れば、山手線はおなじみの環状線の区間を指す。なお、池袋駅〜赤羽駅間は1972（昭和47）年に赤羽線となり、埼京線開通後は、埼京線の一部に組み入れられている。

さて、環状線としての山手線には、現在29の駅がある。そのうちの27駅は、JR、私鉄、三セク、地下鉄、都電、モノレールなど、ほかの鉄道路線との乗りかえ駅になっており、乗りかえ路線を持たない、いわゆる単独駅は、新大久保駅と目白駅の2駅だけだ。もっとも新大久保駅の場合、大久保通りを300メートル少々、西へ5分ほど歩いたところに中央・総武緩行線の大久保駅があり、この距離ならば、徒歩連絡の乗りかえ駅としてもおかしくはない。一方、目白駅には、乗りかえ駅になり損ねた過去があった（後述する）。

目白駅は、日本鉄道品川線の開業に遅れることわずか半月、1885年3月16日に、目黒駅と同時に開業した。現在の山手環状線の各駅で、当時開業していた駅は、品川駅、渋谷駅、新宿駅、上野駅の4駅だけだったことを思えば、山手線最古参の駅の一つに数えていいだろう。

雑木林と原っぱから大発展した池袋駅

明治時代の中頃、日本鉄道は北関東から東北地方にかけて、次々に新たな路線を敷設したり、既設の鉄道の買収を行ったりして、輸送量を拡大していた。大きな例が、1891（明治24）年の東北本線上野駅〜青森駅間の全通である。

富国強兵策を掲げていた当時の日本政府にとっても、軍部や産業界にとっても、日本鉄道の各路線と東海道本線との間の輸送力増強は最優先課題だったが、上野方面と品川方面を結ぶ列車はいったん赤羽駅まで行って折り返す必要があり、移動時間が無駄になるうえ、機関車付け替えの必要などもあって、膨大な手間がかかっていた。

そこで日本鉄道は、田端駅と目白方面とを結ぶ短絡線——豊島線の建設を図ることになり、測量を開始した。ところが、予定線上にあった巣鴨監獄（後の巣鴨プリズン、現サンシャインシティ一帯）を迂回しなければならないこと、予定線沿線住民の反対、目白駅が切り通しの中に設けられているために乗りかえ駅に必要な広さが確保できないことなど、さまざまな理由で計画が頓挫してしまい、別ルートが調査されることになった。

新たな分岐点の建設地として浮上したのは、その頃「巣鴨町大字池袋」と呼ばれていた一帯だった。当時の池袋付近は畑と雑木林と原っぱとが広がる平坦な地で、現在からは想像もつかないほど、のどかな田園風景が広がっていた。

たとえば、池袋駅の東300メートルほどのニッセイ池袋ビルの裏手に「明治天皇御野立所跡」の石碑があるが、これは1875（明治8）年に明治天皇が近衛兵の演習を観閲した場所という印だ。140年ほど前の池袋一帯は、軍事演習が行われるほどに人煙まれな地域だったのだ。日本鉄道関係者や鉄道建設技術者にとっては、自在に配線ができ、ゆったりと施設を配置できる平らかで広々とした空間が、何より魅力的に思えたことだろう。

池袋駅の分岐点。左が赤羽方面、右が田端方面。
（『日本国有鉄道百年史』より）

新たな駅は池袋に決定して、1903年、豊島線田端〜池袋が開通した。駅設置の当初は、現在の池袋駅の東口側に駅舎が設けられ、2面のホームとの間に跨線橋（鉄道路線をまたぐ橋）が架けられた。貨車の留置線や信号所なども配され、後に、駅の北に池袋電車区（現東京総合車両センター池袋派出所）も設けられた。

周辺の広さも幸いしたのだろう。当初は乗降客など無きに等しかった池袋駅は、発展の道をたどりはじめる。1914（大正3）年には東上鉄道（現東武東上線）が、翌年には武蔵野鉄道（現西武池袋線）が駅を設置した。1939（昭和14）年に至って、初めて東京市電（現都電）も池袋駅前に乗り入れた。都電の発祥は1903年の品川～新橋間で、その歴史を見ると、1939年開業というのは都電新路線建設の最晩年に当たるから、池袋はこのときようやく都内の仲間入りを果たしたといっても差し支えないかもしれない。今の池袋からすると、嘘のような本当の話だ。

現在の池袋駅は、JR山手線、埼京線、湘南新宿ライン、東武東上線、西武池袋線、東京メトロ丸ノ内線、有楽町線、副都心線が乗り入れる、巨大な乗りかえ駅となった。1日あたりの乗降人員は、世界第3位の258万人（2014年、JR東日本、東武鉄道、西武鉄道、東京メトロ各社の駅別乗降人員の総計による）だ。

駅周辺にはビルが林立している印象があるが、駅の敷地自体はゆったりとしていて、驚くほど空が広い。付け加えれば、西武池袋駅構内には、都内の私鉄ターミナルではここと京急品川駅の引き上げ線だけという、留置線が設けられている。

富国強兵策で乗りかえ駅が移動

日暮里駅北側の下御隠殿橋《しもごいんでんばし》は、都内屈指の鉄道ウォッチングポイントとして知られる場所で、

日暮里駅下御隠殿橋からの眺め。向かって右端が常磐線

「トレインミュージアム」という異名を持つ。目の前に山手線、京浜東北線、東北・上越新幹線、東北本線、常磐線、京成本線の7路線の複線、合わせて14本もの線路がずらりと並び、新幹線のE5系、E6系、E7系、高崎線651系1000番代「スワローあかぎ」や「草津」、常磐線E657系「ひたち」や「ときわ」、上野東京ラインのE233系、京成電鉄AE形「スカイライナー」などなど、たくさんの列車が常にどこかの線路を走っているのが見えるという、それは楽しい陸橋である。

バルコニー部分から前方を眺めると、JR各線の左手の5路線計10本の線路はまっすぐ北北西の西日暮里駅方面へ向かっているのが見て取れる。しかし、常磐線だけは不自然なほどの急カーブを描いて京成本線をくぐり、右手の三河島駅方面へと曲がっている。この急カーブには、常磐線建設当初の時代状況を語る、ある事情が秘められている。

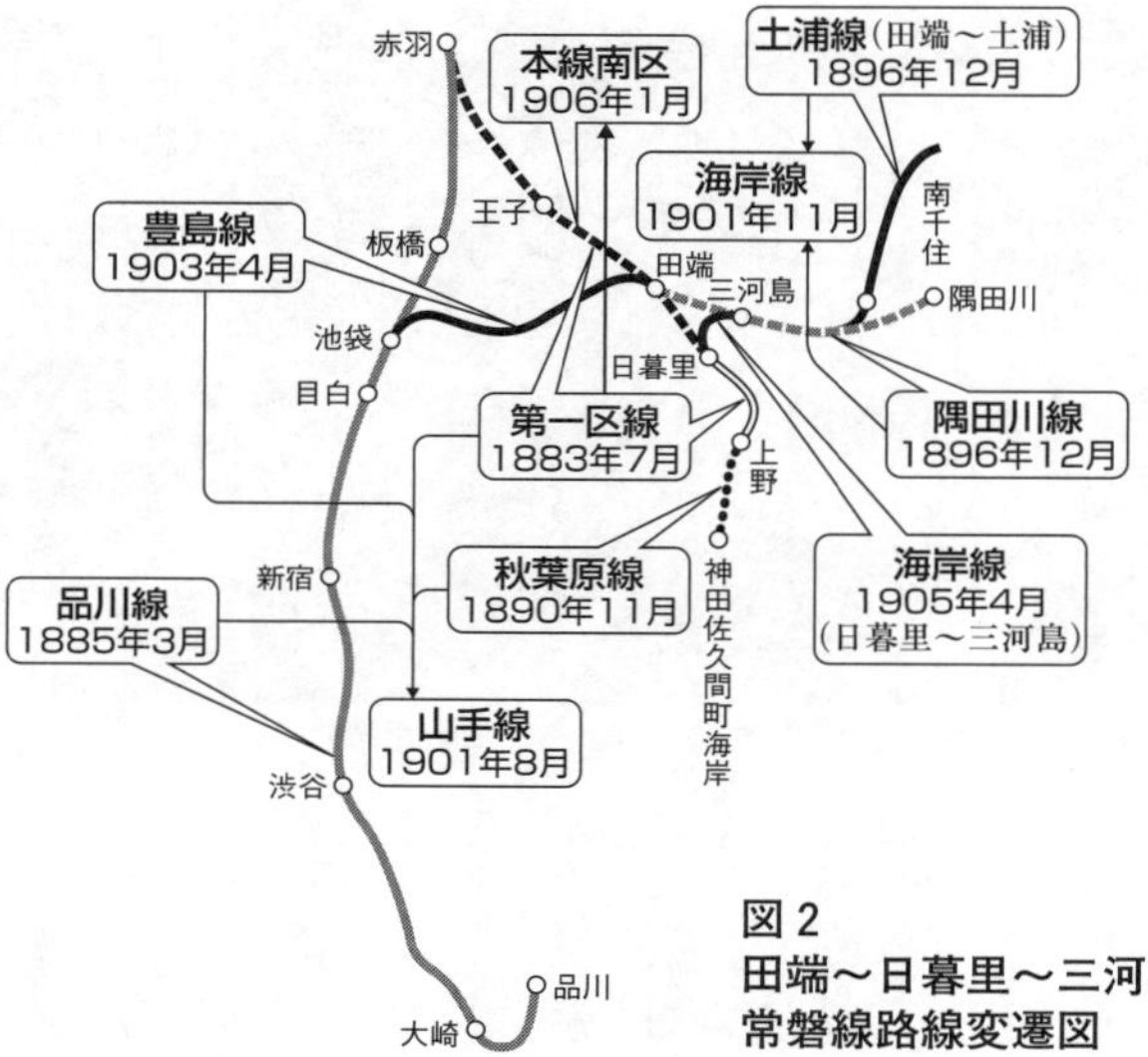

図２
田端〜日暮里〜三河島
常磐線路線変遷図

常磐線の前身、日本鉄道土浦線が東京市内に路線を延長したのは１８９６（明治29）年12月、このときの新規開通区間は、田端駅〜土浦駅間だった。土浦駅から先の友部駅までと、小山駅〜友部駅〜水戸駅間の水戸線はすでに開業していて、翌１８９７年２月に水戸駅〜平駅（現いわき駅）間が、同年11月に平駅〜岩沼駅間が開通して、現常磐線のほぼ全区間が完成した。

なぜ土浦線は日本鉄道のターミナルの上野駅に向かわずに、逆方向の田端駅に向かったのかといえば、常磐炭鉱の石炭輸送のためだった。近代国家建設のための重要なエネルギー源、石炭を京浜地区に輸送するために、貨物車は田端駅から赤羽駅へ、そして品川駅へ

隅田川駅を出発するJRF-EH500形「金太郎」牽引の貨物列車

と運ばれたのだ。

当時、鉄道を建設する最大の目的は、貨物輸送と軍事輸送（兵士、輜重《しちょう》、武器弾薬などを迅速かつ大量に輸送すること）にあった。線や区間にもよるが、旅客輸送は二の次、三の次。日本の鉄道黎明期に建設された4路線のうち、新橋駅〜横浜駅間と大阪駅〜神戸駅間は、国際貿易港へ向けて建設されたし、釜石鉱山鉄道は鉄鉱石を製鉄所に運ぶため、幌内鉄道は幌内炭鉱の石炭を小樽港に運ぶために建設されている。甲武鉄道（現中央本線）建設も、初期の目的は八王子周辺で産する生糸を横浜港に運ぶためで、甲武鉄道開通以前は、生糸は馬車に積まれて陸路を搬送されていた。

このように、明治時代中頃までに建設された鉄道路線の多くは、生糸と石炭輸送のためだったと考えて間違いないだろう。生糸を輸出して外貨を稼ぎ、石炭を燃料に産業を興し、富国強兵を図って、幕末に締結した不平等条約を改正することが最重要課題だった時代の話である。

常磐線の話に戻ると、路線が貨物列車優先で建設されたために、開業から10年近くもの間、常磐線の旅客列車は田端駅で折り返して上野駅に向かっていた。しかし、旅客の輸送量が増えるにつれて不便さが増したため、ついに上野駅に直行する旅客線が建設されることになった。三河島駅から日暮里駅へと急カーブを描く路線が開通したのは、1905年のことだ。こうして、日暮里駅～岩沼駅間を結ぶ現在の常磐線が全通し、常磐線の乗りかえ駅は、田端駅から日暮里駅に変わった。

長い話になってしまったが、隅田川駅～三河島駅～田端駅間の路線は今も常磐貨物支線として使用されていて、EH200形「ブルーサンダー」や、EH500形「金太郎」などの新鋭の大型電気機関車が、やはり長いコンテナ列車を牽引して行き来している。

秋葉原駅はもともと貨物専用駅だった

駅には、「旅客駅」、「貨物駅」、客貨両方を扱う「一般駅」がある。

かつて、鉄道貨物輸送の主流が一般車扱貨物（貨車1両単位で貨物扱いを行う方式）だった時代には、駅は一般駅がほとんどだった。一般駅の貨物ホームで貨物を積み込まれた貨車は、操車場に集められ、行き先別に編成されて、貨物列車となった。新宿駅も渋谷駅もかつては一般駅で、構内に貨物駅が併設されていた。

貨物輸送が専用車扱貨物やコンテナ貨物へと移行した現在では、駅は旅客だけを対象とする旅客駅と貨物専門の貨物ターミナルや貨物駅に分かれ、一般駅は激減した。今や、山手線で貨物扱いも行っている一般駅は品川駅だけで、ほかはすべて旅客駅である。1984（昭和59）年に貨物扱いを廃止した新宿貨物駅の跡地は新宿タカシマヤタイムズスクエアに、1980年に貨物扱いを廃止した渋谷貨物駅の跡地は埼京線や湘南新宿ラインの渋谷駅ホームなどになった。

さて、山手環状線のターミナル駅の一つ、秋葉原駅は、JR総武線・山手線・京浜東北線、東京メトロ日比谷線、首都圏新都市鉄道（つくばエクスプレス）の巨大な乗りかえ駅だ。徒歩で3分ほどの都営地下鉄新宿線の岩本町駅も、秋葉原駅の乗りかえ・連絡駅となっている。世界各国から大勢の観光客が押し寄せることもあり、1日あたりの乗降客数はおよそ72万人（世界13位前後）。日本が世界に誇るサブカルチャーの中心地の駅は、非常に大きな乗りかえ駅なのである。

が、しかし。時代をさかのぼれば、1890（明治23）年に建設された当時の秋葉原駅は、「秋葉原貨物取扱所」と呼ばれていて、以降35年もの間、旅客は利用できなかったのである。

ここで、上野駅の登場となる。1883年に日本鉄道のターミナルとして開業した上野駅は、旅客と貨物の両方を扱い、機関庫など、車両基地としての施設も備えていた。しかし、日本鉄道各線の延伸や新規路線の開業にともなって、駅構内がまたたく間に手狭となり、貨物扱いを振り分ける必要が出てきた。1889年には、上野駅から南に向かう貨物線が建設され、秋葉原に貨物駅を設ける案が決定。翌年、秋葉原貨物線と秋葉原貨物取扱所が開業した。

貨物駅の新設にあたって、秋葉原が選ばれたのにはいくつかの理由がある。まず、上野駅と新橋駅を結ぶ鉄道線建設の計画があり、その路線上にあったこと。また、人家の密集地帯にあって、江戸時代から続く火除地としての空き地があったこと。そして、神田川に近かったこと。当時、貨物輸送の主力は舟運で、神田川から秋葉原貨物取扱所へと運河が掘られ、駅構内には船溜まりが設けられて、貨車と艀《はしけ》との間で荷物の積み替えが行われていた。

秋葉原駅が旅客営業を始めて一般駅となったのは、上野駅〜神田駅間の高架鉄道が開通した1925（大正14）年。1932（昭和7）年に総武本線の御茶ノ水駅〜両国駅間が開通して初めて、秋葉原駅は乗りかえ駅になった。

余談だが、秋葉原駅での貨物扱いが廃止されたのは、1975年である。貨物駅や倉庫の跡地は、秋葉原駅中央口と駅前広場、ヨドバシAkibaなどになっている。

旧国鉄が定めた「鉄道の町」

幹線と幹線の乗りかえ駅がある街は、もともと地域の中心地だった。これは当然のことのように思われる。実際、福島（東北本線と奥羽本線）、高松（予讃線と高徳線）、小倉（鹿児島本線と日豊本線）などは鉄道が建設される以前からの城下町で、周辺一帯の政治や経済、学問や文化の中心地だった。

だが、鉄道が敷かれ、乗りかえ駅ができたことによって発展を遂げた街も、意外なほど（そうでもないですか？）たくさんある。

かつて、旧国鉄は12の市町を「鉄道の町」として認定していた。北から順に見てみると、北海道の岩見沢市と追分町（現安平町）、秋田県の土崎（旧土崎港町、現秋田市）、新潟県新津市（現新潟市）、埼玉県大宮市（現さいたま市）、滋賀県米原町（現米原市）、大阪府吹田市、

図3　旧国鉄認定の「鉄道の町」

鳥取県米子市、島根県津和野町、香川県多度津町、福岡県直方市、佐賀県鳥栖市である（図3）。これら12の市町の中で、最も発展を遂げた街といえば、大宮だろう。

「鉄道の町」大宮駅の大発展は乗りかえ駅ゆえ？

大宮駅があるさいたま市は、2001（平成13）年に大宮市、浦和市、与野市が合併してできた政令指定都市だ。後に岩槻市も加わっている。2015年現在の人口は約127万人、そのうち、旧大宮市域の住民は50万人にもなる。

大宮駅に乗り入れている路線は、東北新幹線（＋山形新幹線、秋田新幹線）、上越新幹線（＋北陸新幹線）、東北本線（宇都宮線）、高崎線、湘南新宿ライン、上野東京ライン、京浜東北線、埼京線、川越線、武蔵野線（東北貨物線経由）のJR東日本の各路線。それから、東武鉄道野田線（東武アーバンパークライン）と、埼玉新都市交通伊奈線（ニューシャトル）は大宮駅が起点だ。まさに大ターミナルである。

しかし、1883（明治16）年に日本鉄道の上野駅〜熊谷駅間が開通したときに中間駅として開業したのは、王子、浦和、上尾、鴻巣の4駅で、このとき大宮に駅は設けられなかった。

大宮は氷川神社（大宮という地名は、この神社に由来するという）の門前町として、また中山道の宿場町として知られていたのだが、沿線人口や駅間距離などの問題があったらしい。

大宮の駅としての始まりは、東北本線の分岐点として選ばれたことがきっかけとなった。東北本線建設にあたっては全区間を5つに分け、南から北に向かって工事が進められることになった。第1区（30ページ図1参照）は上野〜高崎、第2区は第1区の途中から分岐して白河まで、第3区は白河〜仙台、第4区は仙台〜盛岡、第5区が盛岡〜青森である。

第1区のどこで分岐して宇都宮を目指すのかという点については、数案が検討されていた。浦和で分岐して奥州街道に沿って北上するルート、大宮で分岐して栗橋や小山を経由して宇都宮を目指すルート、熊谷で分岐して館林、足利などをめぐるルート、などである。足利など、北関東の各都市は盛んに熊谷駅への路線誘致活動を行ったが、なるべく短距離で北上することを第一義に考えた政府や日本鉄道は、大宮付近で分岐するという案を採択した。決定の裏には、後に大宮町長となる白井助七や岩井右衛門八が駅建設に必要な土地を提供するなど、地元の有志たちの積極的な活動があった。

こうして1885年3月16日に大宮駅が開業し、同年7月16日に大宮駅〜宇都宮駅間の営業運転が始まった。この後の流れをざっとまとめると、

1891年　東北本線全通

1894年　日本鉄道大宮工場開設
1904年　信越本線全通
1929年　総武鉄道（現東武野田線）の大宮駅～粕壁駅（現春日部駅）間開通
1931年　清水トンネル開通、上越線が全通
1940年　川越線開通

こんな具合で、東日本の骨格をなす幹線が築かれ、大宮駅を基点とする路線網が拡大するにつれて、大宮駅の重要度はしだいに増していった。

日本鉄道大宮工場の周辺には、工場で働く人々が暮らし始め、商店が建ち並び、やがて大宮は大都市になった。街も駅も発展を続けて、2005（平成17）年には駅構内ショッピングモール「エキュート」第1号店の大宮店が開業。2015年3月14日のダイヤ改正以降は、東北・上越・北陸各新幹線の全列車が大宮駅に停車するようになった。ちなみに、東北新幹線の全列車が停車する途中駅は、大宮駅と仙台駅、盛岡駅の3駅だけである。

ここまで振り返ってみて思うのは、大宮が幹線同士の乗りかえ駅じゃなかったら、ここまで発展することはなかったのではないだろうか、ということだ。大宮の歴史は古いから、「鉄道が大宮に街をつくった」というのは言いすぎなのだが。中高年以上の方はよくご存じだと思うが、19

82（昭和57）年、東北新幹線の大宮〜盛岡間が開業した頃の大宮駅は、まだまだ閑散といおうか、いたってのどかでしたよね。

鉄路が敷かれ、駅ができ、接続路線が開通して、駅の規模や機能が拡大する。駅周辺には機関区や操車場や工場などの鉄道関連施設が設けられ、職員の社宅や住宅が建設され、公共施設や商業施設が充実し、小さな村が街へ、やがて都市へと発展していく――「鉄道の町」ができるときのそうした典型的な過程が、大宮にはあった。その輝ける証左が、日本鉄道大宮工場の解体場跡にできた鉄道博物館である。

伝統的な地名「追分」「落合」と乗りかえ駅との関係

日本の各地には、まったく同じ地名や駅名がいくつもある。自然の例では、北海道から東日本にかけて「駒ヶ岳」が20峰。こうした山川湖沼の名称がそのままそっくり鉄道駅に付けられることはめったにないが、各地で同じ駅名という例は多く見られる。

たとえば、大久保という駅は、秋田県の奥羽本線、東京都の中央本線、兵庫県の山陽本線とJRだけでも3駅、柏原という駅は、滋賀県の東海道本線（かしわばら）、大阪府の関西本線（かしわら）、兵庫県の福知山線（かいばら）の3駅ある。「府中」や「国分寺」など、律令制に由来する地名、駅名が残っている例も多い。

北海道にも内地と共通する伝統的な地名がある。「鉄道の町」として認定された追分駅（35ページ）と、根室本線の落合駅だ。

「追分」は道が2方向に分かれる分岐点のことで、古くは牛や馬を追い分ける場所という意味だったらしい。「落合」は川と川が落ち合うところ、すなわち川の合流点を指す。だから、追分駅も落合駅も日本各地にあるわけだ。ざっと挙げてみよう。

［追分駅］

室蘭本線と石勝線の乗りかえ駅の追分駅
奥羽本線と男鹿線の乗りかえ駅の追分駅（街道では羽州街道と船川街道の分岐点）
大糸線の安曇追分駅（千国街道から池田宿へ向かう分岐点）
姫新線の美作追分駅（出雲街道と備中往来）
しなの鉄道の信濃追分駅（中山道と北国街道）
えちぜん鉄道勝山永平寺線の追分口駅（勝山街道と永平寺道）
四日市あすなろう鉄道内部線の追分駅（日永追分／東海道と伊勢街道）
京阪電鉄京津線の追分駅（髭茶屋追分／東海道と伏見街道）計8駅

［落合駅］
芸備線と木次線の乗りかえ駅の備後落合駅（西城川と小鳥原《ひととばら》川の合流点）
根室本線の落合駅（シーソラプチ川＋ルーオマンソラプチ川と空知川）
仙山線の陸前落合駅（広瀬川と芋沢川）
姫新線の美作落合駅（旭川と備中川）計7駅

こんな具合で、ずいぶんあるものだ。姫新線の美作追分駅と美作落合駅とが隣り合っていたりしていて、なかなか面白い。

追分も落合も交通の要衝となる地形だから、より多くの乗りかえ駅があってもよさそうなところだが、数のわりに乗りかえ駅は少ない。意外な感じもするが、追分の中心には古くから集落が発達していて大きな駅を設けるスペースが少ないこと、落合の周辺は地盤が軟弱でしばしば氾濫を起こすこと、山間にある追分や落合では乗りかえ駅に付随する鉄道関連施設や分岐線を建設することが困難だったこと、このような事々に起因していると思われる。

「追分」や「落合」という地名を聞けば、現地に行ったことがなくてもその風景を思い浮かべることができそうな気がする。それは、古から人々の営みによって名付けられ、守られてきた地名に込められた共通認識の賜だろうし、このような地名（や駅名）はむやみに変えるものではない

図4　全国の「追分」「落合」駅

と思うが、どうだろうか。そういえば、かつて信濃追分駅も改名の危機に直面したことがあった。

中山道を辿って碓氷の峠を越えたところが軽井沢宿。噴煙たなびく浅間山を間近に眺めながら歩を進めると、沓掛宿を経て信濃追分宿へ。宿場の外れで道は二筋に分かれ、中山道を進む者は左への道をとって和田峠を越え諏訪から木曽路へと向かう。右手の北国街道を行く人々は、別所や渋の湯を目指すのか、あるいは善光寺詣での者たちか。

第二次世界大戦の傷跡も癒え、高級別荘地としての軽井沢の人気が高まってきた1956（昭和31）年、沓掛駅は中軽井沢駅に改称され、駅名に追随するように中軽井沢は周辺地域の地名としても定着してしまった。さらに信濃追分駅を西軽井沢に改称しようとする動きがあったのだが、地元住民や文学者たちの反対があって、幸いにも由緒ある駅名がそのまま残ることになった。

かつて「新宿追分」という駅があった

東京の中心にも、「追分」や「落合」はある。東京大学弥生キャンパス農正門前の交差点が本郷追分で、ここは中山道と日光御成街道（本郷通り）の分岐点だ。

追分だんごの歴史は、太田道灌の時代にまでさかのぼるといわれる

　甲州街道と青梅街道が分岐する新宿三丁目交差点のあたりが新宿追分で、ここから新宿一丁目付近にかけて、甲州街道の宿場町、内藤新宿（四谷新宿）が設けられていた（この宿場の名物として知られているのが「追分だんご本舗」の「追分だんご」だ）。

　1915（大正4）年、甲州街道上に軌道を敷設してきた京王電気軌道（現京王電鉄）は、今の新宿三丁目交差点際に新宿追分駅を設けた。この駅は京王電鉄

新宿三丁目交差点。伊勢丹の右手付近に新宿追分駅があった

の初代ターミナルであり、東京市電との乗りかえ駅でもあった。当時、京王電軌は市電への乗り入れを画策しており、市電と同じ１３７２ミリという軌間を採用した。

新宿追分駅は１９２７（昭和２）年に京王新宿ビルディングの１階に移り、駅名も四谷新宿駅、京王新宿駅と変わり、１９４５年に現在の地、ＪＲ新宿駅の西口に引っ越した。京王新宿ビルディングがあったあたりには、京王新宿三丁目ビルと京王新宿追分ビルが建っている。

ところで、京王電軌時代に市電への乗り入れは実現せず、京王線が都営地下鉄新宿線と相互乗り入れを開始したのは１９８０年になってからなのだが、都営地下鉄新宿線の軌間も東京市電と同じ１３７２ミリ。日本では珍しい軌間である。

新宿区内には「追分」だけでなく、神田川と妙正寺川の合流点の「落合」もあり、東京メトロ東西線に落合駅、都営大江戸線に落合南長崎駅、西武新宿線に下落合駅がある。いずれも乗りかえ駅ではないので簡略に済ませておくが、下落合は西武グループ創業の地で、グループ創始者の堤康次郎が私邸を構えた「目白文化村」があり、西武新宿線の当初の始発駅であった。

大昔、私は西武新宿線で新宿区の高校に通っていたが、台風シーズンになると下落合のあたりで線路が冠水して電車が止まり、休校になったということが何度かあった。今は昔の話だが、落合——古くからある地名、駅名を侮ることなかれである。

II 乗りかえ駅の〝条件〟と移り変わり

Ⅰでは日本の鉄道の創成期までさかのぼって、日本の鉄道史に乗りかえ駅が登場した経緯を追ってみた。成立時代から「不確か」と言おうか、紆余曲折的な姿を表しているとおり、乗りかえ駅は種々に「変化する」ことが見て取れたと思う。

乗りかえ駅は、移ろいやすい。新しい路線が建設されて、新しい乗りかえ駅が一度に数駅生まれることもあるし、一方、接続路線が廃線になって乗りかえ駅でなくなることもある。たとえば、都営地下鉄大江戸線の開業では、新たな乗りかえ駅が一挙に18駅も生まれたし、北海道の興部駅（名寄本線と興浜南線）や中標津駅（標津線と標津線の支線）、福岡県の下山田駅（上山田線と漆生線）のように、2路線がともに廃止されて、駅そのものが消えてしまったこともある。

もっというなら、一つの路線上の単独駅でも乗りかえ駅になることがあるし（本当に！）、乗りかえ駅が「摩訶不思議」としか言いようのない移動をすることもある（後述する）。列車の運行系統の新設や電化区間の延伸、特急や急行列車の停車駅の変更によって、乗りかえ駅に変化が起きることもある。

Ⅱでは、生まれ、移動し、消える駅たちの移り変わりを追って、乗りかえ駅の成り立ちやしくみを探ってみたい。

1 新線開業・直通運転で乗りかえはどう変わる?

鉄道を利用する者にとって、乗りかえは厄介な問題である。日々同じ路線を使い、同じ駅で乗りかえる通勤通学の場合は、朝夕のラッシュ時に乗りかえしなければならないこと自体が、まず大変だ。会社や学校に向かって一目散。階段を駆け上がって息を切らすこともあれば、階段に人が詰まっていて苛つくこともある。市街地の駅が地底奥深くに設けられるようになってからは、知らないうちに毎日ビルの何階分もの階段を上下していたり。休日、初めての駅で、荷物を抱え、家族を引き連れてホームや列車を探すのも大仕事である。

乗りかえは混雑の元凶の一つでもあるから、鉄道会社から見ても、乗りかえ駅構内のしくみや混雑は大きな問題だ。乗りかえが乗客に不便を強いて、混雑を増大させているなら、乗りかえを減らさなければならない。こうした考えのもとで行われているのが、列車の直通運転である。

これだけ進んでいる相互乗り入れ

直通運転には、同じ会社の別の路線に直通する場合と、別の会社の路線に直通する場合とがあ

JR御殿場線に乗り入れる小田急 MSE車の特急「あさぎり」

る。路線が別の会社に直通する場合、双方の車両が互いの路線を走る場合は「相互乗り入れ」、一方の車両だけが直通する場合は「片乗り入れ」と呼ばれている。

たとえば、小田急小田原線とJR御殿場線を直通する特急「あさぎり」は、かつては小田急20000形RSE車とJR東海の371系を使用して、新宿駅〜沼津駅間で相互乗り入れを行っていたが、現在は小田急60000形MSE車のみを使用して新宿駅〜御殿場駅間を運行する、片乗り入れになっている。

歴史もざっくり復習しておこう。

乗り入れの歴史は古く、1904（明治37）年、東武鉄道が亀戸駅から総武鉄道（現JR総武本線）の両国橋駅（現両国駅）まで乗り入れたのが始まりだ。これは当時、隅田川左岸の吾妻橋をターミナルとしていた東武鉄道が、少しでも都心近くまで列車を走らせた

北総鉄道白井駅～小室駅間を走る京成電鉄スカイライナー

かったという事情によっていた（この乗り入れは4年後に中止され、両国方面へ行くには亀戸駅が乗りかえ駅になった）。

1960（昭和35）年12月には、都営地下鉄浅草線と京成電鉄の間で相互乗り入れが始まっている。これは、市街中心を走る地下鉄線と都市郊外を走る鉄道線との相互乗り入れの始まりだった。この相互乗り入れのために、京成電鉄はそれまで1372ミリだった軌間（レールの間隔）を1435ミリに変えるという大工事を行っている。

1968年6月には泉岳寺駅で浅草線と京浜急行が結ばれ、3社にまたがる相互乗り入れが始まった。これによって、京成本線や京急電鉄と国鉄線との乗りかえ駅だった日暮里駅や品川駅の混雑が、かなり解消されたという。

近年の例では、２０１０（平成22）年に京成高砂駅から北総鉄道・成田スカイアクセスへの乗り入れが始まった。この直通運転は成田空港と羽田空港を乗りかえなしに直結する空港アクセスルートの主役となっている。

東京近郊では、地下鉄路線と郊外に向かうＪＲや私鉄各路線間の相互乗り入れが隆盛を極め、東京の地下鉄路線で他社の路線と乗り入れを行っていないのは、サードレール方式（第三軌条、集電のための3番目のレールがある方式）で開業した東京メトロ銀座線と丸ノ内線、鉄輪式リニアモーター車（ミニ地下鉄）を使用する都営地下鉄大江戸線の3路線だけになった。

一挙に現代まで来てしまったが、こんな理由で、銀座線、丸ノ内線、大江戸線の3路線に乗りかえ駅が多いのは、当然のことなんですね。ちなみに、銀座線の乗りかえ駅は18駅中の13駅、丸ノ内線の乗りかえ駅は28駅中の16駅、大江戸線の乗りかえ駅は38駅中の26駅である。

直通運転によるさまざまな運転系統路線

乗りかえを減らして、乗客の利便を図る直通運転は、当然ＪＲ（国鉄）の路線間でも行われているし、ＪＲの各会社間でも行われている。路線が長大な場合は、ＪＲ数社のエリアにまたがって走る列車もある。

日本で最長距離を運転していた列車は、国鉄時代の寝台特急「富士」や急行「高千穂」だった。これらの列車は、東京駅と西鹿児島駅（現鹿児島中央駅）間の１５７４・２キロ（日豊本線経由）を24時間以上かけて結んでいた。ＪＲ時代に入ってからも、特急「富士」はＪＲ４社にまたがって直通運転を行っていた。現在も、寝台特急「サンライズ瀬戸」のように、ＪＲ４社の路線を直通する列車がある。

その一方で、ある路線の起点駅と終点駅の間を走る列車は、ずいぶんと減ってしまった。東海道新幹線の開業前には、東京駅発神戸駅行きの特急「第2富士」（下り列車、上りは「第1富士」）のように、東海道本線の起点を結ぶ列車が設定されていたのだが、現在の首都圏で、実際の路線と列車の運行区間が一致している例は、ＪＲ鶴見線と久留里線くらいのものだろう。それだけ、直通運転が増えているのである。

現在では、東北本線や東海道本線のような長大な路線では中近距離の運行が主流となり、また複数の路線にまたがって運転される列車もあることから、運行の実態に合わせた運転系統名が付けられるようになっている。たとえば、東北本線の上野駅〜黒磯駅間は「宇都宮線」だし（宇都宮線がなぜ黒磯駅までなのかについては67ページ）、東北本線・高崎線と東海道本線・横須賀線とを結ぶ「湘南新宿ライン」のような例もある。例外は、「十和田八幡平四季彩ライン」（花輪線）

や、「えびの高原線」（肥薩線～吉都線）のような愛称タイプ。これらはローカル線の沿線案内やイメージアップを狙ってネーミングされているから、乗りかえ問題とはほぼ無関係である。

国鉄線同士の直通運転は、古くから京浜東北線（東北本線と東海道本線）や中央緩行線・総武線などで行われてきたが、これらはいわゆる国電区間の直通運転だった。国鉄時代の終わり頃になって、国電区間を越えた近郊路線の直通運転が盛んに行われるようになった。過程をざっとまとめてみよう。

1976（昭和51）年10月1日、品川駅～東京駅間（当時は未使用・後の横須賀線）と総武線東京駅～錦糸町駅間の地下新線が開通して、総武快速線の電車が品川駅まで乗り入れるようになった。1980年10月1日には、品鶴貨物線が旅客線に転用され、横浜駅～大船駅間を3複線として、東海道本線と横須賀線との分離運転が開始された。同時に横須賀線と総武快速線電車との相互乗り入れが始まった。

この運転系統、今の時代なら「○○ライン」といった人受けを意識した系統路線名が与えられるのだろうが、国鉄時代のことゆえ、そのものズバリでわかりやすい「横須賀・総武快速線」と呼ばれることになった。名称はさておき、この直通運転によって、それまで横須賀線や総武線と他の国鉄線や地下鉄線の乗りかえ駅だった東京駅、新橋駅、品川駅などの混雑が、かなり緩和されたようだ。

それから四半世紀後の２００１（平成13）年12月1日に、湘南新宿ラインが開通。これは、東北貨物線～山手貨物線～蛇窪支線～品鶴線という貨物線を旅客線に転用して、新たな運転系統を作り出した路線だ。ＪＲ以外の例では、２０１３年3月16日に東京メトロ副都心線と東急東横線とがつながって、埼玉県の川越市や飯能市から神奈川県の横浜市までの、5社の路線による相互乗り入れが実現されて、人の動きも、駅自体も、大きく変わった。

関西地区では、１９９７年3月8日にＪＲ東西線が開通。学研都市線（片町線）と、ＪＲ宝塚線（福知山線）やＪＲ神戸線（東海道本線）との間で直通運転が始まった。それから、２００８年3月15日には、城東貨物線が旅客線に転用されて、おおさか東線が開通。後に、尼崎駅から大和路線（関西本線）の奈良駅まで快速が運行されるようになった。また、既設の大阪環状線を経由して、ＪＲ京都線（東海道本線）から阪和線へ、あるいは大和路線（関西本線）の快速の大阪駅乗り入れなども行われている。私鉄では、２００９年3月20日に全通した阪神なんば線を経由して、近鉄奈良駅と阪神の三宮駅の間で関西圏の東西を結ぶ相互乗り入れが始まった。

このように、とりわけ都市圏では、新路線の開通や既設の貨物線の旅客線への転用によって新たな運行系統が生まれ、それにともなって乗りかえ駅も激しく変化する。上野東京ライン開業の例で、詳しく見てみよう。

上野東京ラインで短縮された、10分の意味

2015(平成27)年3月14日、上野駅~東京駅を結ぶ上野東京ラインが開通して、宇都宮線(東北本線)や高崎線、常磐線と、東海道本線方面との、壮大な直通運転が始まった。上野駅や東京駅で乗りかえずに移動できる——昭和育ちの人間からすれば、隔世の感がある。

上野東京ラインの建設は、ラッシュ時間帯の混雑緩和と通勤時間の短縮が目的とされていた。そもそも、朝夕の通勤ラッシュ時の山手線や京浜東北線の車内の混雑は実に過酷で、上野駅~御徒町駅間の混雑率は、日本で最悪といわれる200~230%(国土交通省鉄道局平成10年代資料による)だった。

ちなみに、混雑率の指標は以下のとおり。

100% 定員乗車(座席が埋まり、立ち客全員が吊り輪や柱をつかむことができる状態)
150% 「新聞を広げて楽に読める」状態
180% 「新聞を小さく折り畳むなどして、なんとか読める」状態
200% 「体が触れあい相当圧迫感がある」状態

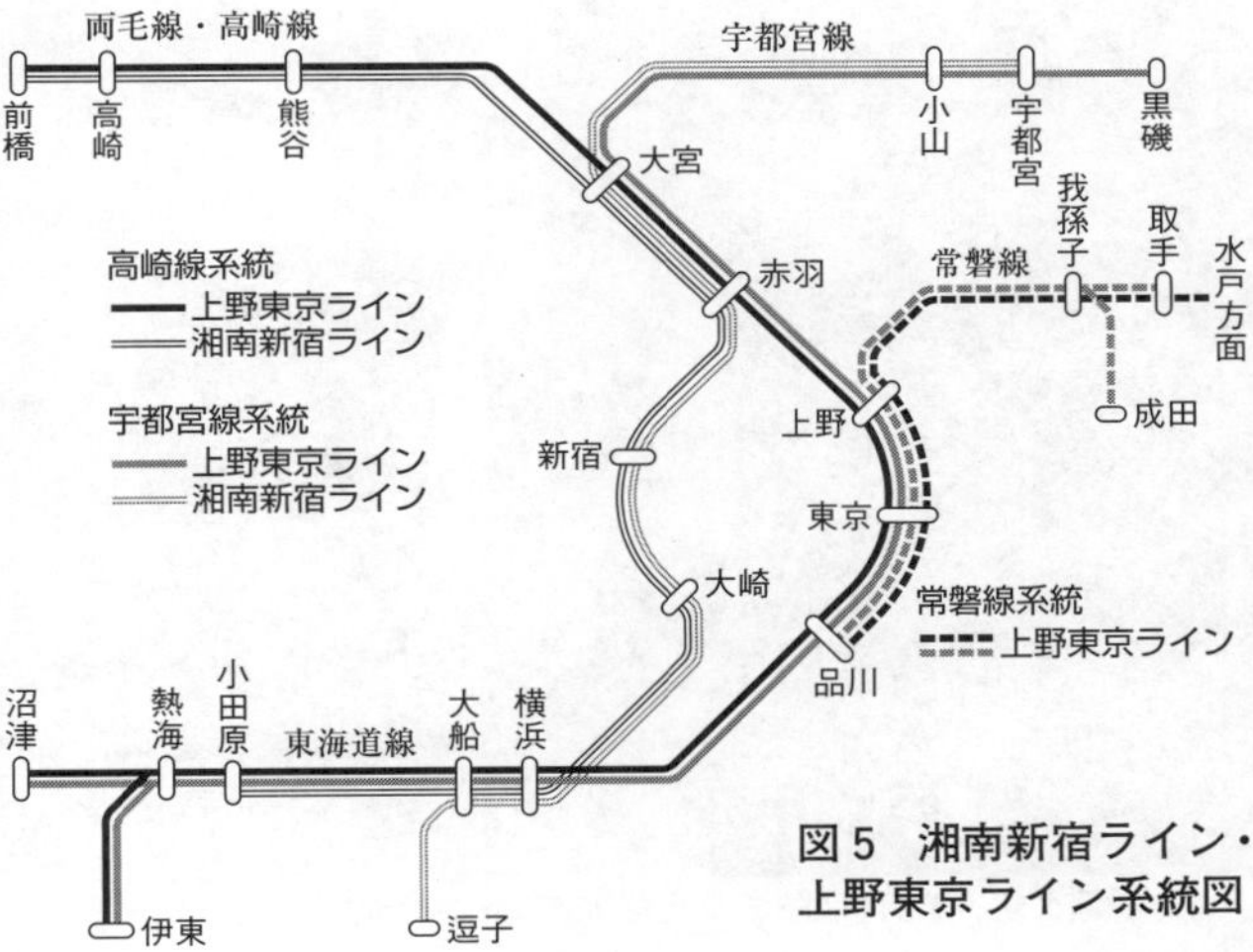

図５　湘南新宿ライン・上野東京ライン系統図

２５０％　「電車が揺れるたびに体が傾くが、身動きできず、手も動かせない」状態

（日本鉄道民営協会「鉄道豆知識」より）

辛いのは車内だけではなく、乗りかえ客でごった返す上野駅や東京駅の構内の混雑も凄まじかった。東海道本線で使用されているＥ２３３系３０００番代15両編成の定員は２１７１人だから、ラッシュ時の混雑率を仮に１５０％とすると（あくまで仮です）、１編成あたりの乗客数は３２５７人になる。これだけの乗客を詰め込んだ電車が、ピーク時には２～５分ごとに東京駅に到着する。電車からホームにはき出された乗客が、北、中央、南の３本の乗りかえ通路に殺到し、ほかのホームから降りてきた乗客の波をかき分け、かき分け、押し合いへし合いしながら、改札口や、山手線や

東北本線尾久駅〜赤羽駅間を走る上野東京ラインE233系

中央線のホームを目指す……。より混雑率が高い宇都宮、高崎、常磐3方面からの電車が到着する上野駅構内の混雑は、考えるだにオソロシイ。

しかし、上野東京ライン開通後の2015年6月には、上野駅〜御徒町駅間の混雑率は170%まで軽減された。座ることはできなくても、新聞を読んだりスマホを操作したりするくらいはできるようになったようだ。上野駅と東京駅構内の混雑もある程度解消され、両駅をまたぐ各駅間の到達時間も平均で10分前後短縮されたという。生活者にとって、朝夕の10分は本当に大きい。

上野東京ラインのように、既成の路線ごとの運行にこだわらず、複数の路線にまたがって列車が運転されるようになると、乗りかえの回数が減り、乗りかえ駅の混雑が緩和され、その結果、混雑率

上野駅の上野東京ラインE231系（右）と京浜東北線E233系（左）

が下がり、到達時間が短縮されるようになる。
しかし、である。新路線の開通はいいことずくめではなく、さまざまな変化を伴う。たとえば、事故や故障の影響が非常に広範囲に及ぶ場合がある。栃木県下で起きた事故の影響で、神奈川県のダイヤが乱れることもあれば、上野東京ラインに並走する京浜東北線の信号故障が、大宮以遠や横浜以遠の路線に影響を及ぼすこともある。私感だが、最近、思いがけない電車の遅延で戸惑う回数が増えたような気がする。
それから、これまでは東海道本線なら東京駅で、宇都宮線や常磐線なら上野駅で、列車を1、2本見送れば座って乗車できたのに、それが難しくなった。直通運転が増えて、乗りかえ客が減った影響で、駅ナカショップや駅近くの商店街の客足などにも変化が起きているだろう。

当然のことながら、乗りかえ事情の変化によって、待ち合わせの場所が変わったり、行きつけの飲み屋が変わったりと、日々の暮らしにも変化が起きる。場合によっては、歩くルートが変わって、毎日履く靴や雨具が変わったり、乗降駅そのものが変わったり。

これらの事象がどのように移り変わって、どのあたりに落ち着くかは、まだわからない。壮大な「チェンジ」ゆえに、状況が日常の中に収まるには今しばらく時間がかかることだろう。上野東京ラインは、新線開業で何が変わるかを検証するにもってこいの、現在進行形の大サンプルでもあるのだ。

半世紀前にも上野駅〜東京駅を結ぶ直通列車があった

ところで、上野駅〜東京駅間を直通列車が走るのは、上野東京ライン開業が初めてのことではない。今から半世紀近く前にも、東北本線の列車線が上野駅と東京駅を結んでいたことがあった。特急「やまびこ」「はつかり」「つばさ」「とき」など、本来は上野駅発着の優等列車が、東京駅を起終点としていたのである。加えて、日光駅と伊東駅を結ぶ準急「湘南日光」や、平駅（現いわき駅）〜伊豆急下田駅・修善寺駅間の臨時急行「常磐伊豆」、横浜駅と黒磯駅を結ぶ季節急行「な

東北特急「やまびこ」が東京駅で０系新幹線と並列停車（1967年）

すの」など、上野駅と東京駅を通る優等列車も運転されていた。これら往年の列車は、名高い観光地や温泉に直結していて、高い人気を誇っていた。年末の帰省ラッシュ時のみの運行ではあったが、臨時急行「あおもり」も名古屋駅から東海道本線を上って、東京駅、上野駅を経て青森駅まで、本州を長駆していた。

一方、東北本線の列車線では、東京駅の東海道新幹線ホームの増設や東北新幹線の建設準備などのために、１９７３（昭和48）年に定期列車の運転が休止されている。東北新幹線の地上区間の工事が始まると線路も撤去され、一部区間だけが留置線として使われていた。当時の東北本線の列車線の使命は、主に東北や上越方面の優等列車と東海道新幹線との乗りかえの便を図るためのものだったのだが、東北・上越新幹線の東京駅乗り入れによって、その役割も消滅した。

現在の上野東京ラインは、もっぱら近距離～中距離の移動者を乗客としている。上野東京ラインで最長距離を走る列車は、黒磯駅～熱海駅間の267・9キロ。走行時間は4時間半から5時間くらい。せっかくの長い路線なのだから、通勤電車だけでなく、かつての「湘南日光」のような、観光地と観光地を結ぶ列車も運行してほしいのだが、どうだろう？　通勤通学は簡便に、観光はゆっくり長距離を。そんな乗り分けができればいいと思う。

郊外と都心を結ぶボランチ（舵取り）ステーション●川越駅・高麗川駅

東京の郊外地域では、沿線住民の人口の推移や乗客の動向などをふまえて、列車の運転区間を変更したり、新たな路線と直通運転を開始したりすることがよくあり、当然、乗りかえ駅も変わっていく。これも、新線開業の「変化形」と言えるだろう。ここでは、系統別運転の変化（や不変）が乗りかえに及ぼす影響を、埼玉県の中央を東西に走るJR川越線と、川越線に高麗川駅で連絡するJR八高線の例で見てみよう。

この両線の列車運行は、以前はそれぞれの路線内でほぼ完結していた。現在はと言うと、川越線の大宮駅～川越駅間を走る電車はE233系10連で、すべての列車が埼京線に乗り入れているのだが、これらの列車は川越駅～高麗川駅間は走らない。

川越駅～高麗川駅間は、205系か209系の4連で運行されていて、ほとんどの列車が八高線に乗り入れて八王子駅に向かう。八高線の高麗川駅～倉賀野駅間（列車は高崎駅まで直通）は非電化区間で、キハ110系気動車が2～3両編成で走る。このように、川越線と八高線の運行形態が異なっているため、それぞれの路線を直進したい場合は、川越駅や高麗川駅での乗りかえが必要になる。

しかし、川越駅は東武東上線との乗りかえ駅にもなっているため、高麗川方面から都内に向かう場合、川越駅で一度下車してJR同士では乗りかえず、東上線に乗りかえてしまう人も多いことだろう。東上線から地下鉄有楽町線や副都心線に乗り入れる列車に乗りかえれば、行き先によっては大変便利だ。

それはわかってはいるのだが、JR東日本にしてみれば、埼京線のE233系電車を高麗川駅まで直通させるためには、川越駅以西の各駅のホームを延伸しなければならないし、川越駅を境にして異なっている閉塞方式（信号や保安の方式）も統一する必要が出てくる。乗客数や、乗務員・車両の運用などを考えると、川越駅で運行をきっぱり分けている現状のほうが、何かと効率がいいのだろう。

分岐駅から3路線4系統発着の一大乗りかえ駅に●蘇我駅

次に、京葉線の開業によって房総方面への新たなゲートウェイとなった、蘇我駅の例を見てみよう。かつての蘇我駅は外房線と内房線の単純な分岐駅で、通過する特急列車も多かったのだが、1990（平成2）年に京葉線が全通すると、蘇我駅は京葉線の終着駅となると同時に一大乗りかえ駅に変貌を遂げた。現在、千葉県では、都心と成田や銚子方面を結ぶ列車の拠点駅は千葉駅、都心と房総方面を結ぶ列車の拠点駅は蘇我駅で、蘇我駅を通る特急列車はすべて停車する。

一大乗りかえ駅ゆえ、蘇我駅を通る列車の運行形態は複雑で、蘇我駅折り返しの京葉線列車のほか、特急「わかしお」や「さざなみ」のように京葉線経由で外房線や内房線に直通する列車、総武本線方面から外房線や内房線に直通する列車の、都合3路線4系統の列車が入り乱れて発着している。だから、蘇我駅で乗りかえ列車と出発ホームを探すのはちょっと大変そうに思えるのだが、実際にはそれほどでもない。その理由は、駅の構造にある。

蘇我駅の構造は島式ホーム3面6線。西側から順に1番線から6番線までの旅客線と、1番線の西側にJR線と京葉臨海鉄道を結ぶ貨物線が数本設けられている。このうち1、2番線は外房線、内房線から京葉線、総武本線方面への上り列車用、3、4番線は主に京葉線の折り返しに使

蘇我駅には、JR京葉線、外房線、内房線と、京葉臨海鉄道が乗り入れる

われ、5、6番線は外房線と内房線へ向かう下り列車用ホームになっている。西から来た列車は同一ホームに停車して、東と南方向に分かれていくというしくみだ。同方向に向かう場合はホーム間を移動する必要もないという、なかなかよく考えられた配線なので、蘇我駅で下車したら観察してみてください。また、あまり待たずに同方向への乗りかえができるよう、ダイヤも工夫されている。

余談になるが、蘇我駅はJリーグ、ジェフユナイテッド市原・千葉のホームスタジアム、フクダ電子アリーナの最寄り駅で、列車の発車メロディはジェフのオフィシャルサポーターソング『Ｏｖｅｒ』。ジェフの試合がある日の駅を眺めてみれば、また別の発見があるかもしれない。

2　なぜ、この駅で乗りかえが必要か①——交流か、直流か

かつては、上野～青森間、東京～門司間など、走行距離500キロを超える長距離普通列車がどしどし走っていた。現在、最も長い距離を走る普通列車は根室本線の滝川駅～釧路駅間を走る2429Dで、308・4キロを8時間27分かけて走行している。

しかし概して、多くの路線で普通列車（快速列車）の運転区間は細切れにされているので、同じ路線を行くにも乗りかえが必要になる場合がある。また、電化・非電化、電化方式の違いや駅間ごとの輸送量の違い、車両規格の違いなど、さまざまな理由によって、途中駅での乗りかえを余儀なくされる場合も少なくない。

同一路線上で最も頻繁に行われる乗りかえは、特急や急行と各駅停車とを乗り継ぐ緩急連絡ではないだろうか。東海道新幹線名古屋駅で「のぞみ」から「こだま」へ。私の場合だと、中央本線の三鷹駅で特別快速から快速へ、それから、京王井の頭線永福町駅で各停から急行へ。通勤通学の途中で日々何気なく、このような乗りかえを行っている人は多いだろう。

緩急連絡の例はこのくらいにして、この項では緩急連絡以外の、つまり、本来は乗りかえ駅で

はないのに、乗りかえが必要とされる例を見てみよう。

東北本線1本なのに、乗りかえ駅?●黒磯駅

53ページで紹介したように、東北本線の上野駅~黒磯駅間には宇都宮線という系統路線名が付いている。『JR時刻表』の該当部分を見てみると、東北本線の東京~上野~黒磯間と黒磯~福島~仙台間のページの間に、常磐線や水郡線、水戸線、磐越東線などのページが挟みこまれている。東北本線を各駅停車で下っていくと、一番遠くまで行く列車でも黒磯駅止まりになっていて、黒磯駅を越えて進む列車は、臨時列車や貨物列車だけだ。これ、不思議じゃありませんか?

黒磯駅にどのような秘密があるのかというと、実はこの駅を境に、交流電化区間と直流電化区間が切り替わっているのだ。

東北本線の電化が本格的に始まったのは、1958(昭和33)年の大宮駅~宇都宮駅間からだった。翌1959年には電化区間は白河駅まで延長された。このとき、黒磯駅を境にして電化方式が異なることになり(理由は後述)、それまでは東北本線の一単独駅だった黒磯駅は、乗りかえ駅に生まれ変わった。

先に電化方式についてざっとまとめておくと、JR在来線の電化路線には、直流1500ボル

図6　全国電化路線図

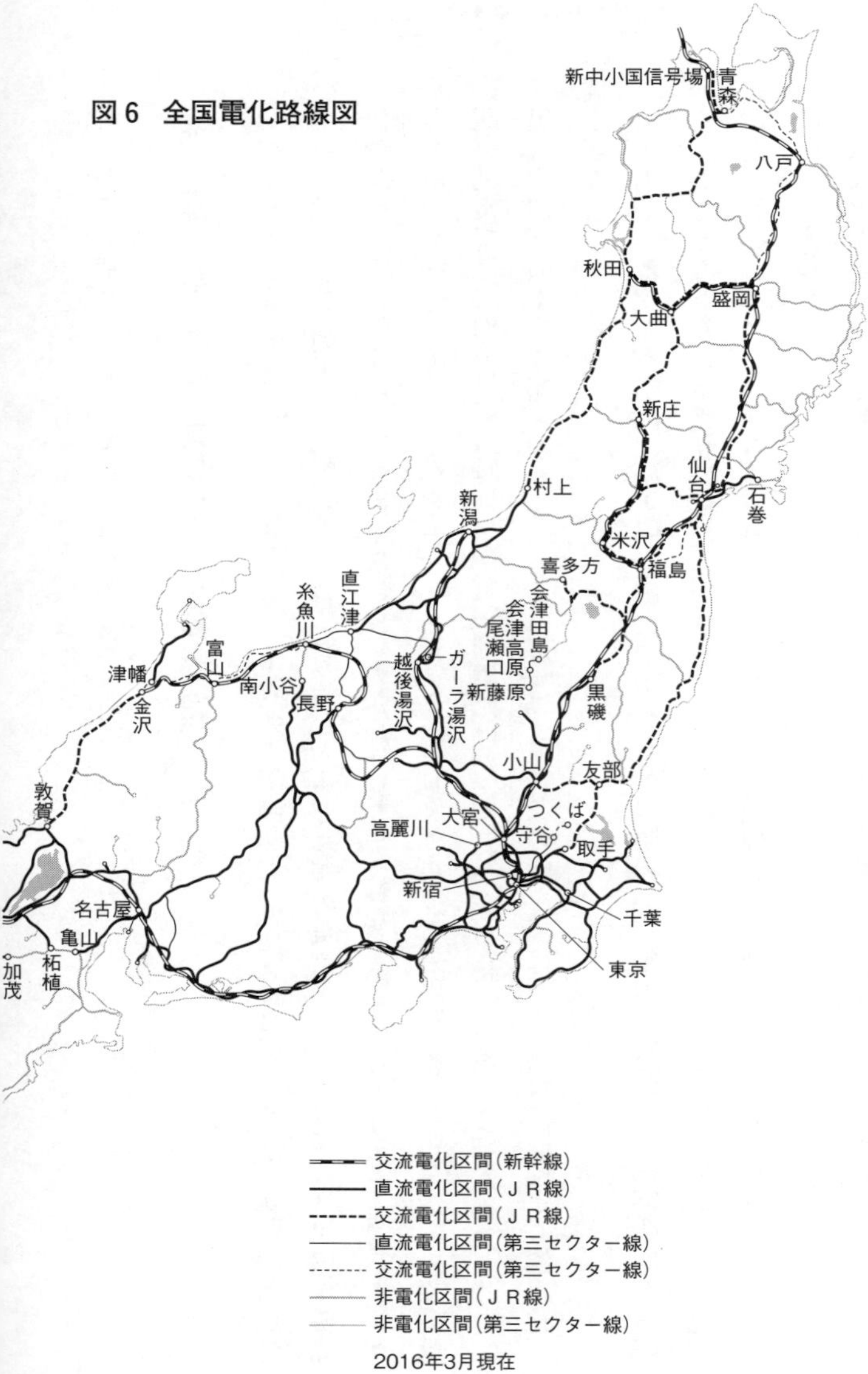

2016年3月現在

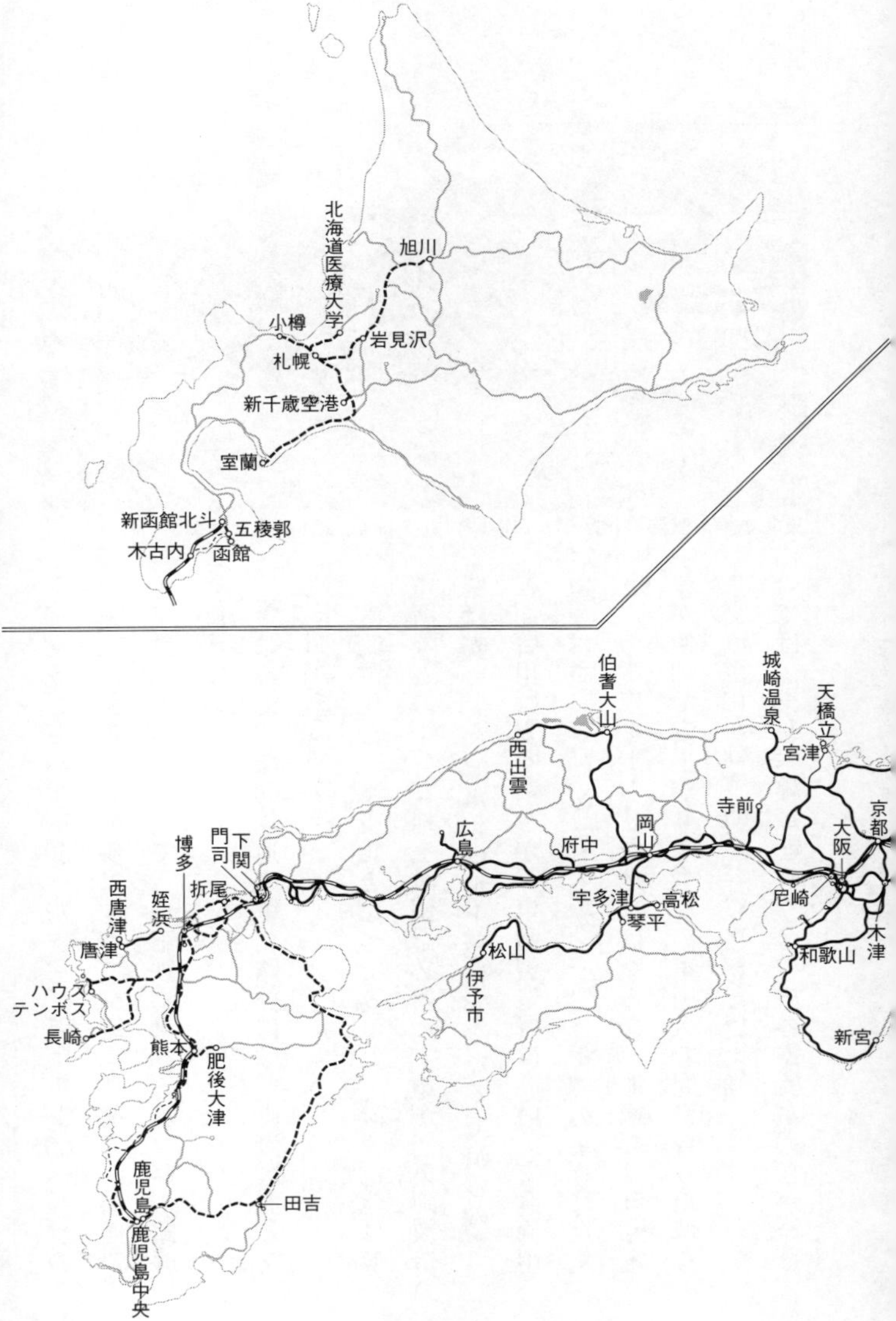
北海道医療大学
旭川
小樽
岩見沢
札幌
新千歳空港
室蘭
新函館北斗
五稜郭
木古内
函館
伯耆大山
城崎温泉
天橋立
宮津
西出雲
京都
寺前
岡山
大阪
広島
府中
門司
下関
博多
西唐津
姪浜
折尾
宇多津
高松
尼崎
琴平
唐津
松山
木津
和歌山
伊予市
ハウステンボス
長崎
新宮
熊本
肥後大津
鹿児島
田吉
鹿児島中央

東北本線の直流電化区間、白岡駅付近を行くE231系直流電車

ト、交流2万ボルト50ヘルツ、2万ボルト60ヘルツの3通りがある。新幹線はすべて交流（79ページ参照）、地下鉄はすべて直流で、地下鉄に乗り入れている路線も直流である。

ところで、なぜ鉄道の電化路線には、直流区間と交流区間があるのか？

直流電化と交流電化を比べてみると、直流電化は変電所などの十分な地上設備を必要とするが、車両製造費は安い。交流電化は地上設備が少なくて済むので、初期費用は安く済むが、車両製造費は高い（交直両用電車はさらに高い）。したがって、都市圏のようにたくさんの電車を走らせなければならない地域では直流電化が便利で安上がり、少ない車両数で間に合う地域なら交流電化が効率的、ということになる。

では、東北本線はというと、旅客需要が大きかった黒磯駅までは直流1500ボルトで、黒磯駅以北は交流2万ボルト50ヘルツで電化された。車両で見ると、宇都宮線を走っているのはE233系や205系などの直流電車で、黒磯以北の交流区間では、E721系や719系などの交流電車が使われている。このように、電化方式と使用車両が異なっているため、黒磯駅を「直通」する列車を設定することはできないのだ。そんなわけで、東北本線1路線しか通っていなくても、黒磯駅は乗りかえ駅なのである。

交直の切り替え区間、デッドセクション（死電区間）とは？

黒磯駅のように、電化方式が異なるために乗りかえ駅になっている例は、他にも見られる。鉄道会社にしてみれば、旅客の需要や運行の本数だけを考慮して、交流区間と直流区間をこまごまと設けるわけにもいかないので、ある程度まとまった地域ごとに交流電化か直流電化かが決められ、電化路線が建設される運びとなる。

たとえば、JR北海道は電化区間の全線が、JR九州では筑肥線以外の電化区間のすべてが交流で電化されている（なぜ筑肥線だけが直流電化なのかについては、75ページ）。

東北本線では、以前は特急用の485系や583系、急行用の457系といった交直両用電車が用いられており、上野駅から仙台、盛岡、青森などの各駅に直行していた。しかし、長距離の旅客が東北新幹線を利用するようになった現在は、製造コストが高く、メンテナンスも大変な交直両用電車をつくるより、製造費が安い直流専用電車と、交直両用電車よりは安上がりな交流専用電車をつくって、運転系統を分けたほうがよいということになっているようだ。電気機関車が牽引する臨時列車や貨物列車の場合は、運用の効率や機関車交換の手間などを考慮して、製造単価は高くても交直両用機関車を使用したほうがよいという判断がなされているのだろう。

問題の交直の切り替え区間には、デッドセクションという架線に電気が流れていない区間が設けられていて、交直両用の電車や電気機関車はデッドセクションを通過する際に電化方式を切り替えて進む。デッドセクションの多くは、路線の途中、駅と駅との間に設けられていることが多いのだが、前述の黒磯駅は駅の構内にデッドセクションが設けられている珍しい例だ（門司駅も同じ）。

このようにして交直切り替えのために乗りかえ駅ができるケースがあり、駅の前後で列車の運行系統が変わっている。羽越本線の村上駅（デッドセクションは間島駅との間）や、えちごトキめき鉄道日本海ひすいラインの糸魚川駅（デッドセクションは梶屋敷駅との間）も、こうした乗りかえ駅の一つだ。

気象庁の地磁気観測所への影響で乗りかえ駅に●取手駅・守谷駅

常磐線のデッドセクションは、取手駅と藤代駅の間に設けられていて、都心からの各駅停車（直流電車）は取手駅止まりとなっている。東北本線の黒磯駅までは上野駅から159・7キロもあるのに、上野駅〜取手駅間はたったの39・6キロ。常磐線の乗客数を見れば、水戸駅（上野駅から117・5キロ）か、車両基地がある勝田駅（上野駅から123・3キロ）あたりまでを直流区間にしてもよさそうなものなのだが、取手駅の先にデッドセクションが設けられたことについては、ある特殊な事情があった。

特殊事情とは、茨城県石岡市にある気象庁の地磁気観測所の存在である。

地磁気観測所から半径30キロ以内にある鉄道は、観測データに影響を及ぼさない方式で電化する必要がある。レールから地面に伝わった電流が磁気を生じ、地磁気観測に影響を与えてしまうためで、交流電化の場合は影響が少ないが、直流電化の場合には35キロほどの範囲まで影響を及ぼすので、対策を講じなければならない。しかも、一般的な直流電化電圧である1500ボルト電化の対策には、莫大な費用がかかるという。こうした事情で、取手以北は交流電化となった。

地磁気観測所の30キロ圏内には、JR水戸線、つくばエクスプレス、関東鉄道も走っている。

図７
気象庁地磁気観測所周辺
茨城県南部鉄道路線図

水戸線では、小山駅と小田林駅の間にデッドセクションが設けられており、ほぼ全線が交流で電化されている。つくばエクスプレスの場合は、守谷駅までが直流区間で、その先から終点つくば駅までの20キロほどが交流電化となっている。車両は、直流区間だけを走るＴＸ１０００系と、交直両用電車のＴＸ２０００系の2車種が用いられている。いっそのこと、全線交流電化にしてしまえばいいのでは？　と思ってしまうが、地下区間を交流電化にするにはトンネルの断面積を拡大する必要があり、建設費が莫大になる。つくばエクスプレスは都心部では地下を走行しており、地下路線の延長計画もあるので、全線を交流電化するよりも、交直両用電車を導入したほうが、コストを抑えられるということだろう。

日本の地下鉄がすべて直流電化なのも、前述と同じ理由による。JR九州で筑肥線だけが直流であるのも、直流電化の福岡市営地下鉄と相互乗り入れを行っているためである。

関東鉄道常総線は、取手駅で常磐線と、守谷駅でつくばエクスプレスと、下館駅で水戸線と連絡している。地方私鉄としては乗降客が多く、取手駅～水海道駅間は複線になっているし、ラッシュ時には1時間あたり10本もの頻度で運行されている。にもかかわらず、常総線がいまだに非電化路線であるのは、交流電化に要する費用が巨額に上るからだ。

「何を今さら」と思われるかもしれないが、交直流問題は、いや、すべての乗りかえ駅問題は、コスト問題でもあるのだ。

デッドセクションの移動で実現した新快速の乗り入れ●長浜駅・敦賀駅

駅を設置する観点からすれば、「交直流電化の切り替え駅をどこに設けるか」は、さまざまな事情が絡み合う難題だ。当然、切り替え駅そのものの場所や、デッドセクションの位置が移動することも出てくるし、それにともなって、乗りかえ駅が移動することもある。

北陸本線の田村駅～敦賀駅間は、1957（昭和32）年10月1日に交流2万ボルト60ヘルツで電化されている。5年後の1962年12月28日には、米原駅～田村駅間が直流で電化され、田村

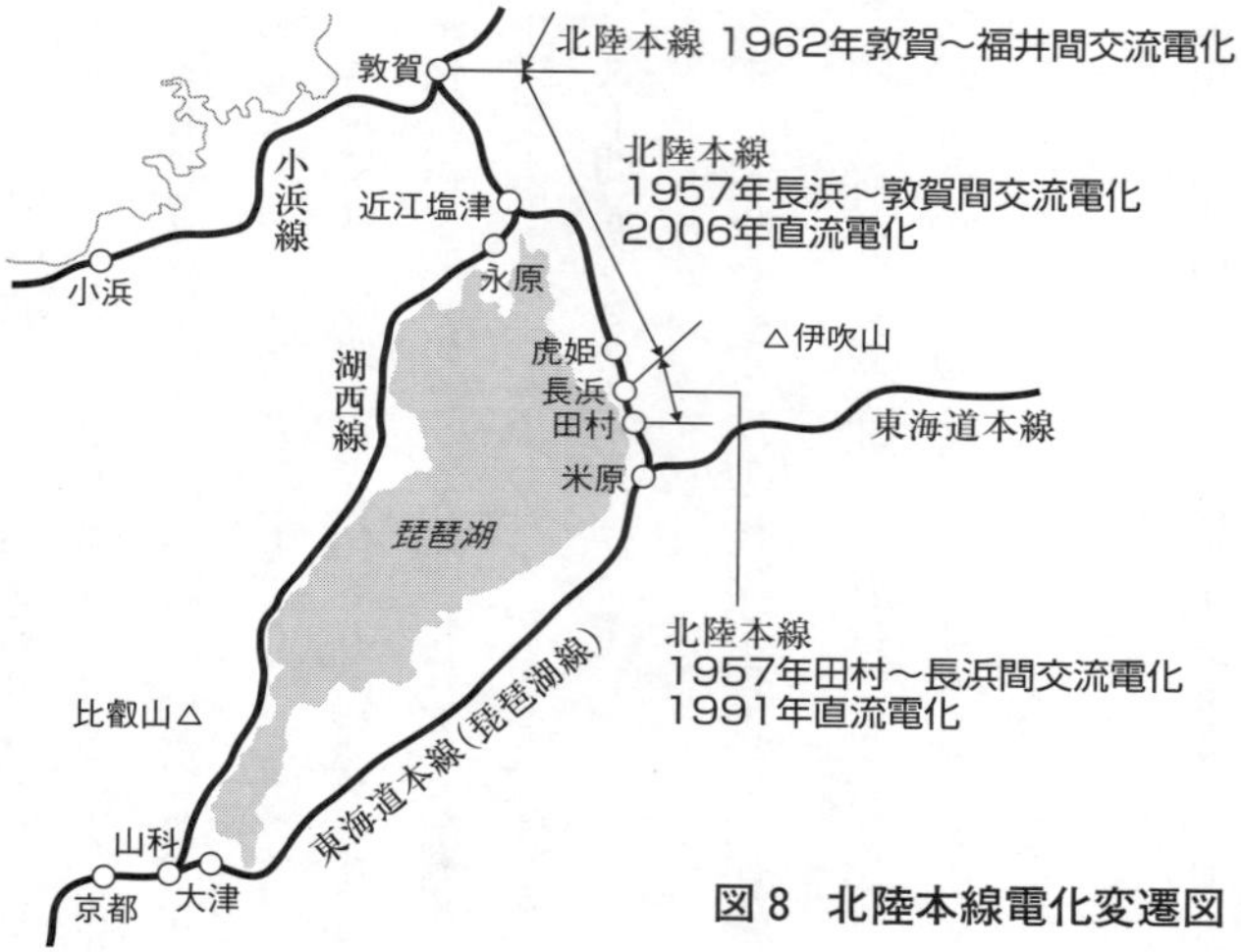

図８　北陸本線電化変遷図

駅の南側にデッドセクションが設けられた。

当時はまだ、旅客も貨物も機関車牽引が主流で、米原駅～田村駅間は、Ｅ10形、Ｄ50形の蒸気機関車や、ＤＤ50形ディーゼル機関車が、交直の連絡を担っていた。急行用の交直両用電車471系が登場したのは1962年になってからで、1964年になると481系交直両用電車が完成して、特急「雷鳥」（大阪駅～富山駅）や特急「しらさぎ」（名古屋駅～富山駅）として、北陸路を走った。

近隣の別の例をもう一つ。1974年7月20日、東海道本線の山科駅と北陸本線の近江塩津駅を結ぶ湖西線が開通しているが、東海道本線は直流電化、北陸本線の近江塩津駅は交流で電化されていたため（当時）、湖西線では永原駅と近江塩津駅の間にデッドセクションが設けられた。

当時、滋賀県北部ではまださほど乗客数が多くなかったので、各駅停車用に高価な交直両用電車が投入されることはなく、電化区間でも気動車が使用されていた。国鉄時代が終わりに近づいた頃には、年数を経た特急、急行用の交直両用電車が普通列車に転用されたが、北陸本線のローカル列車の乗客は、米原駅で乗りかえなければならなかった。

時代は変わって、米原駅〜長浜駅間が直流電化に変更されたのは、1991（平成3）年9月14日のことだ。デッドセクションは長浜駅と虎姫駅の間に移され、交直切り替えの乗りかえ駅は長浜駅に移されて、長浜駅が京阪神方面に向かう新快速の起終点になった。

2003年3月15日には、小浜線の敦賀駅〜東舞鶴駅間が直流で電化された。この際、小浜線にデッドセクションは設けられず、敦賀駅には、それぞれ独立した直流と交流の路線が乗り入れていた。

そしてついに、2006年9月24日、長浜駅〜敦賀駅間と湖西線永原駅以北が直流電化に変更されて、敦賀駅構内はすべて直流電化になった。デッドセクションは敦賀駅の東、北陸トンネルの入り口手前に移された。こうして、敦賀市と敦賀駅は、長年の望みであった、「特急電車ではない」新快速によって、京阪神地区と直結することになった。

つまり、北陸本線の交直切り替えのための乗りかえ駅とデッドセクションは、半世紀もの時をかけてじわじわと北上し、米原駅から長浜駅へ、それから敦賀駅へと移動したということになる。ちなみに米原駅と敦賀駅は、45・9キロ（東京駅～大船駅くらい）離れている。

さて、交直切り替えにまつわる補足を少々。日本の商用電源の周波数は、東日本は50ヘルツ、富山県、長野県、静岡県西部以西は60ヘルツ。東北本線が交流2万ボルト50ヘルツ、北陸本線が交流2万ボルト60ヘルツと、路線の周波数が異なっているのはこのためだ。初期に登場した交直両用電車は東西どちらかの周波数専用だったが、のちに3通りの電源に対応する車両が開発された。

かつて485系交直両用車両を用いていた特急「白鳥」などは、3回の交直切り替えを行い、大阪～米原間は直流1500ボルト、米原～糸魚川間は交流2万ボルト60ヘルツ、糸魚川～村上間は直流1500ボルト、村上～青森間は交流2万ボルト50ヘルツで、大阪から青森まで走行していた。

なぜ、東京駅で新幹線の乗りかえが必要か？〈新幹線と乗りかえ駅①〉

東京駅の新幹線乗り場は、14～19番線はJR東海が運行する東海道・山陽新幹線乗り場、20～23番線はJR東日本が運行する東北・山形・秋田・上越・北陸新幹線の乗り場になっている。

「ホームが隣り合っているのに、どうして東海道新幹線と東北新幹線は直通運転を行っていない

富山〜黒部宇奈月温泉間を走行する北陸新幹線W７系

のか？」「直通運転をしてくれれば、新幹線から新幹線への乗りかえがなくなって便利になるのに」「新幹線の間に渡り線（２本の線路を連絡する線）を設ければいいのでは？」「JR東日本とJR東海で、会社が違うからなの？」こうした疑問を抱かれている方もおられるのではないか。

結論から述べれば、この両新幹線の間には周波数の違いがあり、現行のほとんどの車両は異なる周波数帯域に対応していないため、直通運転ができない。

東海道・山陽新幹線は交流２万５０００ボルト60ヘルツで、東北・上越新幹線は交流２万５０００ボルト50ヘルツ。異なる周波数の双方を走行できる２電源方式や、直流区間も走ることができる３電源方式の電車や電気機関車もあるにはあるのだが、複数電源方式の車両は高価なうえに、メンテナンスも複雑になることは、先に述べたとおりだ。

現在東海道・山陽新幹線の主力であるN７００系電車だけでも、２０００を超える車両があるという現状では、高価な車両を量産すれば、新幹線料金の値上がりを招くことは必至である。列車の運行区間を分ければ料金を低く抑えられるし、事故や故障の影響が及ぶ範囲が狭くなるという利点もある。

では、これから先もずっと東京駅で新幹線同士を乗りかえなければならないのか、と思われるだろうか？　それが、そうでもなさそうなのだ。実は、50ヘルツ、60ヘルツの両周波数帯を走行可能な新幹線電車が、すでに営業を始めている。北陸新幹線で使用されているE７系、W７系である。

今後、さらに安全で快適、速度も速く、製造コストも廉価な複数電源対応車両が開発されれば、近い将来、新函館北斗発名古屋行き、新潟発新大阪行き列車が運転される日も来るかもしれない。

3　なぜ、この駅で乗りかえが必要か②——電化か、非電化か

札沼線のローカル沿線事情●石狩当別駅・北海道医療大学駅

路線途中にある駅を境に電化と非電化が切り替えられている路線は、全国に多数ある。電化非

函館本線札沼線連続立体交差化（一次分）が完成、札幌駅で721系が出発（1988年）

電化の違いで乗りかえ駅になっているのは、福塩線（福山〜塩町）では府中駅、八高線（八王子〜倉賀野）では高麗川駅。室蘭本線の東室蘭駅、磐越西線の喜多方駅、大糸線の南小谷駅、紀勢本線の新宮駅、予讃線の伊予市駅、豊肥本線の肥後大津駅なども、こうした乗りかえ駅だ。

北海道に札沼線という地方交通線がある。「札」は札幌、では「沼」はどこかというと、留萌本線石狩沼田駅の「沼」なのである。

かつて札沼線は、札幌駅（起点駅は隣の桑園駅）と石狩沼田駅を結んでいた。1972（昭和47）年に新十津川駅〜石狩沼田駅間が廃止されたが、路線名はそのまま残った。残る桑園駅〜新十津川駅間もいずれは廃線にという雰囲気だったのだが、1980年代頃から近郊の宅地開発が進んで沿線の人口が増加。いつのまにか、赤字ローカル線が札幌の通勤通学路線に姿を変えた。

JR化後には、路線の複線化や高架化が行われ、駅も次々に新設された。2012(平成24)年には、桑園駅~北海道医療大学駅間が交流2万ボルトで電化されて、733系や735系など、新鋭の通勤電車が走り始めた。路線名も、沿線の北海道教育大学や北海道医療大学にちなんで、「学園都市線」という、首都圏の私鉄新線を思わせる愛称になった。

前置きが長くなったが、学園都市線の電化、非電化の乗りかえ駅は、石狩当別駅と北海道医療大学駅の2駅ある。札幌駅発の電車は北海道医療大学駅まで行くが、新十津川駅方面へ行く気動車は、もう1駅札幌寄りの石狩当別駅を始発としているからだ。

列車の運転本数を見てみると、電化区間では1時間あたり3、4本ほどの運行、非電化区間の浦臼駅までは1日6、7本の運行、終点の新十津川駅までは1日3往復だけの運行だ(2016年3月26日から1往復)。

沿線でまとまった市街地が形成されているのは石狩当別駅くらいまでで、石狩月形駅、浦臼駅、新十津川駅周辺にも少々。北海道医療大学駅の周辺には大学があるのみ。学生や大学関係者のために1駅先まで電化されたということが、はっきり見てとれる。大学に行くのでなければ、みな石狩当別駅で乗りかえることだろう。北海道医療大学駅から先へ目をやると、架線は駅の向こうで途切れ、どこか寂しそうなレールが北へと続いている。

乗りかえ駅の位置は、学校など公共の施設の場所とも絡んで定まるという、わかりやすい例だ。

名古屋〜大阪間は実質3分割されている●関西本線①

同一路線中に電化、非電化区間があるために乗りかえが必要となっている例をもう一つ、関西本線で見てみよう。

関西本線は、愛知県、三重県、京都府、奈良県、大阪府の2府3県を通って、名古屋と大阪という2大都市圏を結ぶ路線である。名阪を連絡する路線の中で最も距離が短く（名古屋駅〜JR難波駅間が174・9キロ、東海道新幹線の名古屋駅〜新大阪駅間は186・6キロ、近鉄名古屋線〜大阪線の近鉄名古屋駅〜大阪上本町駅間は187・7キロ）、本来、名阪を結ぶ大幹線になっていてもおかしくはなかった。いや、1889（明治22）年開業当初の建設者たちは、名阪連絡の主軸となることを目指していた。

しかし、現況はというと、名阪間を通して走る列車はなく、関西本線を全線乗り通そうと思ったら、路線の中ほどの亀山駅と加茂駅で乗りかえなければならない。亀山駅〜加茂駅間が非電化単線のローカル線だからだ。

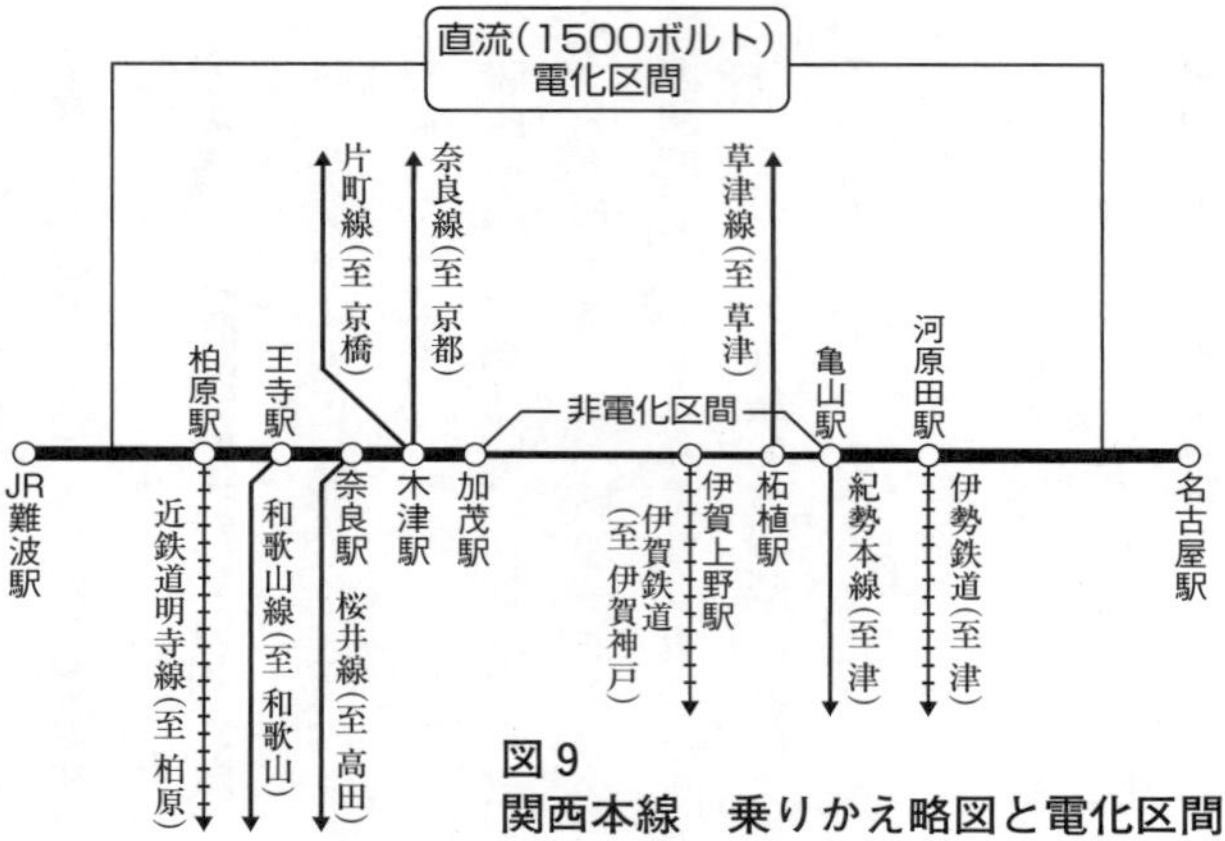

図９
関西本線　乗りかえ略図と電化区間

非電化区間の大部分は、旧国名の伊賀国を走っている。東には鈴鹿山脈がそびえ、西は木津川の渓谷に沿った細い道筋でかろうじて山城や大和の国に通じているという、いかにも忍者の里らしい、半ば閉ざされた盆地である。鈴鹿山脈では急な坂が待ち受けているし、木津川沿いのルートは大雨が降れば寸断されることもある。名阪間の人員の行き来や物流が増大したとき、輸送力において後れを取り、幹線からローカル線へと転落していったのは致し方のないことだった。

現在の関西本線は、東側の名古屋駅～亀山駅間と、西側の加茂駅～JR難波駅間（大和路線）が直流１５００ボルトの電化区間、前述したとおり、間の亀山駅～加茂駅間が非電化区間だ。つまり、この路線は路線名こそ１本だけれど、電化の区間から見れば、電化～非電化～電化の３区間からなる「三兄弟路線」のようなものなのだ。列車の運行も、路線の性格も、3区間ごとにくっきり異なっており、JR時刻表の案内も、別々のページに飛んでいる。稀な例なので、個々の駅についても見てみよう。

華やかなりし時代もあった亀山駅●関西本線②

関西本線の亀山駅は紀勢本線の起点駅であり、関西本線と紀勢本線の乗りかえ駅でもある。近代以降、この駅は名阪と伊勢神宮を結ぶ拠点駅となり、国鉄時代には、名古屋駅と和歌山駅を結ぶ特急「あすか」や東京発の寝台特急「紀伊」など、優等列車の停車駅でもあった。華やかなりし乗りかえ駅だったのである。広々とした駅構内には何本もの側線や留置線、転車台が残っていて、往時をしのばせる。今はこの広い駅から加茂駅まで、単行もしくは2両編成の気動車キハ120系が、とことこ行く。

一方、関西本線の名古屋駅〜亀山駅間は、名古屋圏の通勤通学路線という位置付けにあるが、沿線人口が多い名古屋〜四日市間においては、近鉄名古屋線の後塵を拝している。名古屋駅から伊勢志摩や南紀に向かう特急「(ワイドビュー)南紀」や快速「みえ」は、亀山駅を通らずに河原田駅から伊勢鉄道を経由して津駅に直行している。

電化路線に接続する柘植駅と伊賀上野駅●関西本線③

関西本線、亀山駅～加茂駅間の非電化区間からは、2本の電化路線が分岐している。1本は柘植駅と東海道本線の草津駅間を結ぶJR草津線、もう1本は伊賀上野駅から伊賀市の中心を通って近鉄大阪線の伊賀神戸駅へと向かう伊賀鉄道伊賀線である。どちらの路線も直流1500ボルトで電化されており、関西本線では非電化区間だが、柘植駅と伊賀上野駅の構内の一部には架線が張られている。

柘植駅は三重県最古の駅である。開業は、関西鉄道の三雲駅～柘植駅間が開通した1890（明治23）年2月で、同年暮れに柘植駅～四日市駅間も開通している。1895年に名古屋駅～柘植駅～草津駅間が開通、1897年1月に柘植駅～伊賀上野駅間が開通して、このとき柘植駅は乗りかえ駅になった。

こうして歴史を振り返ってみると、現在の関西本線よりも草津線のほうが先に開業していたことがわかる。昔は京阪神地域から草津線～関西本線経由で、名古屋、伊勢、鳥羽方面を結ぶ列車が設定されていたのである。戦前には、姫路駅～鳥羽駅を結ぶ食堂車を連結した準急列車や、岡山県の宇野線宇野駅と鳥羽駅を結ぶ二等寝台車を連結した列車も走っていた。これらの列車は、中国四国地方から伊勢神宮を訪れる旅客に好評を博していたようだ。

戦後も、草津線経由で名古屋駅と京都駅を結ぶ準急「平安」や、京都駅〜鳥羽駅間の準急「志摩」などが走っていたが、東海道新幹線の開通や、近鉄の特急列車網の充実によって乗客は減じていった。1980（昭和55）年に草津線が電化されると柘植駅を境に運転系統が分断されて、1986年に廃された急行「志摩」を最後に、このルートを直通する列車は消滅した。

単独駅にして乗りかえ駅、特異な加茂駅●関西本線④

伊賀鉄道伊賀線との乗りかえ駅の伊賀上野駅から西に向かう列車は、木津川の渓谷に沿って下ってゆく。やがて線路の両側に迫っていた山々が遠ざかり、平地が開けてくると、列車は終点の加茂駅に到着する。加茂駅の構内には架線が張りめぐらされ、単行のキハ120形気動車が到着する向かいのホームでは、8両編成の221系電車「大和路快速」が乗り継ぎ客を待っている。

加茂駅は関西本線だけの単独駅だが、電化切り替えの乗りかえ駅になっている。加茂駅から西の関西本線には「大和路線」という愛称が付けられており、JR西日本のICカード「ICOCA」もこの駅から西で使える。前述の「大和路快速」は加茂駅始発で、天王寺駅から大阪環状線に乗り入れて、大阪駅方面に直行する。

ところで、電化、非電化の切り替えのための乗りかえ駅の中でも、加茂駅ほど路線の前後の「落差」が大きいところは珍しい。加茂駅の近辺は大都市の近郊にしては平地と山地の境目がくっきりしていて、加茂駅がある木津川市と加茂駅東隣の笠置駅がある笠置町では、地形も、産業構造も、人口も、がらりと違っている。木津川市は関西文化学術研究都市の一角を担っていて、国や企業の研究機関が多数ある。学術研究都市の横顔というべきか、ニュータウンも建設され、人口が急激に増加している。一方の笠置町は、人口の減少率が京都府下で最大という過疎地帯。1626人（平成22年度国勢調査）という人口は、隣の南山城村よりも少なく、町としては、山梨県の早川町に次いで全国で2番目に少ない。

発展を続ける研究都市と過疎に悩む山の町との接点に位置する加茂駅の特異さを、なんとなくイメージしていただけただろうか。実際、JR西日本も、加茂駅を境に、関西本線の使用車両、運行形態、運転本数などをスパリ！ とばかりに分けている。

ついでながら、乗りかえ駅の面白さという観点からすると、加茂駅の西隣にある木津駅も相当なものなので、取り上げておく。30年ほど前まで、木津駅に乗り入れている路線はすべて非電化で、当時の木津駅は関西の「気動車王国」の拠点駅の一つだった。木津駅に初めて電車がお目見えしたのは、奈良線、関西本線の京都駅～奈良駅間が電化された1984（昭和59）年、路線

（木津駅～加茂駅間）が電化されたのはJR化後の1988年、片町線の長尾駅～木津駅間が電化されたのは1989（平成元）年である。

現在の木津駅は木津川市の中心駅で、関西本線と、JR奈良線、JR片町線（学研都市線）の乗りかえ駅になっている。加茂駅までは入線しない321系や207系が見られるし、列車の発着本数が多くて楽しい。

4　ご当地事情、会社事情から見ると？

同一路線の途中駅で乗りかえが必要になるケースは、電化方式の違いや、電化・非電化の違いによる理由以外にも、まだまだある。

たとえば、路線が市街地から遠ざかるにつれて列車の運転本数が変わる場合。終点に向かうにつれて、運転本数が減らされるため、乗り継ぎが必要になることがある。

端的な例が、九州南端を走る指宿枕崎線だ。鹿児島中央駅を出発する列車は1日に約50本あるのだが、半数近くは喜入駅止まりで、残りのほとんどは山川駅止まり。鹿児島中央駅から終点の枕崎駅に向かう直通列車は、わずか3本しかない。指宿駅や山川駅発の区間列車もあるにはあるが、4～5本程度だ。鹿児島中央から枕崎に向かうには、直通列車を狙うか、指宿や山川で乗りかえるか、さあ、どうするか。ちなみに、山川駅は「日本最南端の有人駅」である。

「すべての列車がその駅止まり」の稀な駅●釧路駅

道東の要衝、釧路駅は「すべての列車がその駅止まり」という珍しい乗りかえ駅だ。根室本線の列車も、釧網本線（網走駅が起点で東釧路駅が終点だが、東釧路からは根室本線に乗り入れ）の列車も、釧路駅を実際の起終点としており、札幌や帯広、根室、網走など、各方面から釧路駅に到着した乗客は、用はなくとも必ず一度は釧路のホームに降り立たなければならない。これは日に何本もの特急が発着する幹線上にある駅としては非常に稀な例なのだが、なぜこうなっているのか。

理由は根室本線の盛衰にある。根室本線は、函館本線の滝川駅から、富良野駅、新得駅、帯広駅、釧路駅などの各駅を経て根室駅に至る、延長443・8キロの路線で、釧路駅～根室駅間は「花咲線」と呼ばれている。釧路駅を境に、西は特急街道、東の花咲線は閑散線区。釧路以東の運転本数が激減して、「すべての列車が釧路止まり」となった。

花咲線の下り列車は根室駅行きが7本、厚岸駅止まりが3本あり、上り列車は根室駅発釧路駅行きが8本、厚岸始発が3本ある。路線の上下で運行本数が違っているのは、高校の登下校の時

釧路駅に停車中の人気観光列車「くしろ湿原ノロッコ号」

間帯に合わせた編成両数と運転本数の調整のためと思われる。釧路駅から根室駅へと2両編成で向かった下り列車が、根室駅で1両ずつに切り分けられて、上りは2本の列車として釧路駅に向かう、といった差配が行われているのだ。

一般的に、長大な路線の端近くでは、運転本数が減り、編成が短くなり、優等列車の運行もなくなってしまうものではあるが、根室本線の場合は、終点近くだけでなく、スタート地点の滝川駅～新得駅間も乗降客の少ない閑散路線となっている。北海道一の大幹線、函館本線に近く、途中には富良野のような観光地もあるのになぜ？……と思ってしまいますよね。

これは、1981（昭和56）年に石勝線が開通してから優等列車の大半が千歳空港駅（現南千歳駅）から新得駅へ直行するようになったためで、滝川駅～新得駅の根室本線はローカル線になってしまったからである。

今、滝川駅〜新得駅間を走る列車は快速「狩勝」と普通列車だけで、落合駅〜新得駅間では、午後に5時間前後も列車が走らない時間帯がある。滝川駅は函館本線と根室本線の乗りかえ駅でもあるのだが。

幹線の真ん中が閑散線区——札幌駅〜長万部駅間「海線」「山線」の明暗

閑散線区の乗りかえ事例をもう一つ。根室本線の中ほどの新得駅〜釧路駅間は、特急「スーパーおおぞら」と「スーパーとかち」が1日11往復も走る特急街道だが、函館本線では逆に、路線の中ほどの長万部《おしゃまんべ》駅と小樽駅の間が各駅停車しか走らない閑散線区となっている。

長万部駅と札幌駅の間には、倶知安《くっちゃん》駅から小樽駅を経由する函館本線、通称「山線」と、室蘭本線と千歳線を結ぶ通称「海線」の2ルートがある。かつては山線にも、特急「北海」や、C62形蒸気機関車が重連（機関車2両）で牽引する急行「ニセコ」などの看板列車が走っていた。

しかし、距離は長いが路線の大半が平坦区間で、途中に室蘭、苫小牧、千歳などの都市と、洞爺湖や登別などの観光地がある海線のほうが道南と道央を結ぶメインルートになり、いつしか山線は寂れていった。山線は、その名のとおり、途中に何カ所もの急勾配区間がある路線なのだ。

現在、函館と札幌を結ぶすべての列車は海線を経由し、山線に向かうためには長万部駅での乗

1971年、函館本線倶知安駅付近のＣ62重連

りかえが必要になっている。同じ山線区間であっても、小樽駅～札幌駅間は都市近郊路線として早くから電化されており、快速「エアポート」や「いしかりライナー」が頻繁に行き交う過密路線。一方、長万部駅～小樽駅間を直通する列車は上下合わせて1日12本という寂しい姿である。

北海道新幹線が札幌まで延伸する際には、長万部から先、倶知安から新小樽（仮称）を経由するという計画になっている。その際、山線区間は三セクに転換されるのか、それとも廃止されてしまうのか、行く末が気にかかる。

ＪＲ6社を分かつ「境界駅」

ここまで、列車が折り返す、つまり乗りかえの必要が生じる「境界」の例をいくつか見てきたが、鉄道路線の境界はまだまだある。

会社による境界も、大きな意味での境界の一つだろう。路線名と起終点駅は、国鉄分割後も基本的には変わらずにＪＲ各社に受け継がれており、県境を越えて結ばれている路線もあるのだが、時とともに、普通列車は次第にＪＲ各社それぞれのエリアだけを走ることが多くなってきた。

また、県境の駅で乗りかえが必要になるケースも見られる。そもそも都府県の境は、山の稜線や川などの自然地形で区切られていることが多く、人の移動も物の流れも、自然地形によって遮られることがあるのはご存じのとおりだ。列車も同じで、トンネルを掘ったり、鉄橋を架け渡したりして、「その先」を目指すわけだが、川の手前や山のふもとで潔く折り返してしまう例も多い。

さて、ＪＲ各社の境界駅は以下のようになっている（新幹線を除く）。

ＪＲ北海道とＪＲ東日本の境界駅……中小国駅（２０１６年3月26日以降は新幹線境界駅の新青森駅）

ＪＲ東日本とＪＲ東海の境界駅……国府津駅、熱海駅、甲府駅、辰野駅、塩尻駅

ＪＲ東日本とＪＲ西日本の境界駅……南小谷駅

ＪＲ東海とＪＲ西日本の境界駅……猪谷駅、米原駅、亀山駅、新宮駅

ＪＲ西日本とＪＲ四国の境界駅……児島駅

ＪＲ西日本とＪＲ九州の境界駅……下関駅

図10　JR各社の境界駅

ＪR在来線の境界駅は以上の13駅。ここから読み取れることは、思いのほか多いように思う。

まず、これらの駅の中で、東海道本線と御殿場線の乗りかえ駅の国府津駅、中央本線と身延線の乗りかえ駅の甲府駅、大糸線の途中にある南小谷駅、亀山駅、山陽本線の下関駅の5駅には、臨時列車を除いてＪＲの他社線に乗り入れる列車がなく、乗りかえが必要になっている。

かつては東京駅発の御殿場線直通列車や、大糸線全線を走る気動車急行などが運転されていた時代もあったのだが、現在ではすべての列車が境界駅で折り返している。もっとも、南小谷駅の場合は、南小谷駅以南が電化区間、以北の糸魚川駅までが非電化区間なので、そのために運転系統が分かれていると見るべきなのかもしれない。

中小国駅、熱海駅、辰野駅、塩尻駅、米原駅、児島駅の6駅では、境界の「こちら側」と「あちら側」双方を通しで走る列車が運転されている。

ちょっと面白いのは奥飛騨の山間にある猪谷駅で、この駅はJRの境界駅であると同時に、岐阜県と富山県の県境駅でもある。高山本線の普通列車は、岐阜駅、高山駅方面の列車も、富山駅方面の列車もすべて猪谷駅止まりで、それぞれ来た方面に折り返していくのだが、特急の「(ワイドビュー)ひだ」4往復は、猪谷駅を通って名古屋駅と富山駅を結んでいる。

猪谷駅はまた、2006(平成18)年に廃線になった神岡鉄道との乗りかえ駅でもあった。神岡鉄道(旧国鉄神岡線)は神岡鉱山で産出される亜鉛鉱石の輸送(後に硫酸の輸送)のために建設された鉄道だったが、鉱山の閉山を受けて廃線となった。ちなみに神岡鉱山の跡に建設されたのが、東京大学宇宙線研究所のニュートリノ観測装置スーパーカミオカンデである。

新宮駅の場合は、さらに複雑だ。この駅を通る路線は紀勢本線だけなのに、JRの境界駅であり、三重県と和歌山県の県境駅であり、そのうえ、JR東海区間は非電化、JR西日本区間は電化のため、「電化・非電化」乗りかえも必要であり、三重の意味での乗りかえ駅になっているのだ。

普通列車はすべて、JR東海とJR西日本のそれぞれのエリア内、つまり新宮駅で折り返す運用となっていて、名古屋駅発の特急「(ワイドビュー)南紀」だけが紀伊勝浦駅まで足を延ばす。新宮駅は、「境界」乗りかえの代表駅の一つと言えるだろう。

アプト路線の「車両限界が小さい」ための乗りかえ●千頭駅

SL急行「かわね路号」や「きかんしゃトーマス号」が走る金谷駅〜千頭駅間の大井川本線、アプト式区間がある千頭駅〜井川駅間の井川線(南アルプスあぷとライン)。2大観光路線で大人気の大井川鐵道にも、面白い乗りかえ事情がある。

井川線長島ダム駅〜アプトいちしろ駅間をゆく電気機関車ED90

大井川本線も井川線も、軌間はともに狭軌の1067ミリ(標準軌は1435ミリ)なのに直通運転は行われておらず、千頭駅での乗りかえが必要になっている。

この両線、なぜ千頭駅で運行系統が分かれているかというと、両線の建築限界が異なっているためだ。鉄道の建築限界は、列車の安全運転のためには走行空間にゆとりを設けなければな

井川線ミニ客車（スロフ300形）の車内

らないという概念のもとで定められている。「列車が走る範囲内には走行の妨げになるような障害物をつくってはならない」という決まりである。プラットホームも、ホームの上の屋根も、危なくないように車両との間に十分な間隔を設けてつくってくださいね、というわけだ。

建築限界は、走行する車両（たとえば、新幹線か在来線か）、電化か非電化か、直流か交流か、路線は直線か曲線か、路盤は、車両の重量は、などなど、あらゆる条件によって細かに違ってくる。急カーブの途中に駅を設ける場合、どうしても直線の場合よりもホームと車両の隙間が大きく空いてしまうし、必要なホームの長さも違ってくる、というように。

千頭駅の話に戻ろう。そもそも井川線は水力発電所建設の資材を運ぶためにつくられた路線で、できた当初は軌間７６２ミリという小さなサイズだった。後に軌間は１０６７ミリに改められたが、トンネルなどの構造物の建築限界がすべてミニサイズで設定されたため、１０６７ミリ軌間の一般的な車両は走行することができない。これ、鉄道の用語では、「車両限界が小さい」と言います。

井川線の車両の最大幅は1850ミリ。背の高い人が横になれば、頭と足が両側の壁に届いてしまいそうな幅で、向かい合わせの座席に座った乗客の膝と膝が触れあうこともしょっちゅうだ。

しかし、大井川の最上流部、南アルプスの深山峡谷の狭間を縫って走る車窓の眺めは日本屈指。風景よし、日本でここだけというアプト式の体験をしつつ、「車両限界の小ささ」も実感できるのだから、千頭駅での乗りかえはむしろ大歓迎だろう。

千頭駅の構内には転車台があって、SLの方向転換が見学できる。貴重な機関車も保存されており、『きかんしゃトーマス』の仲間、「ヒロ」（9600形蒸気機関車を改造、静態保存）にも会える。乗りかえの待ち時間が短く感じられることだろう。

5 乗りかえ方向の転換で、駅の位置が移動する

乗りかえ駅は生まれるばかりではなく、移動することもある。交直切り替えの項で米原駅から敦賀駅へとデッドセクションが移動した例を挙げたが（75ページ）、駅自体が動いた例も見てみたい。近年の例として、旧信越本線の脇野田駅を思い浮かべる方も多いかもしれない。

もともと脇野田駅は、旧信越本線が北陸新幹線と交差する場所の近くにあったのだが、北陸新幹線の建設に合わせて、線路も駅舎も元の位置から西側に200メートルほど移り、2015（平成27）年3月、北陸新幹線の連絡駅になった。同時に所属会社も路線名も駅名も変わって、元JR東日本信越本線の脇野田駅は消滅した。現在の駅名は、えちごトキめき鉄道妙高はねうまラインの上越妙高駅だ。

上越妙高駅という新しい駅が誕生したという捉え方もあるのかもしれないが、この場合は、新規路線の開業にともなって、連絡のための乗りかえ駅の必要が生まれて駅が移動したというほうが、実情（駅の使用目的）や、地元の方の受けとめ方に近い気がする。必要に応じて、駅は移動するのです。たとえば、乗りかえの方向を変えるために駅が移動することもある。次に横浜駅、千葉駅、塩尻駅の例を挙げる。

今は3代目、初代駅は現桜木町駅●横浜駅

日本最初の駅の一つ、初代横浜駅は、現在桜木町駅になっている（現在の桜木町駅は、初代の横浜駅だった、というべきか）。では、今の横浜駅は、いつ頃、どのようにして現在の位置に「移った」のか。

図11 横浜駅移転変遷図

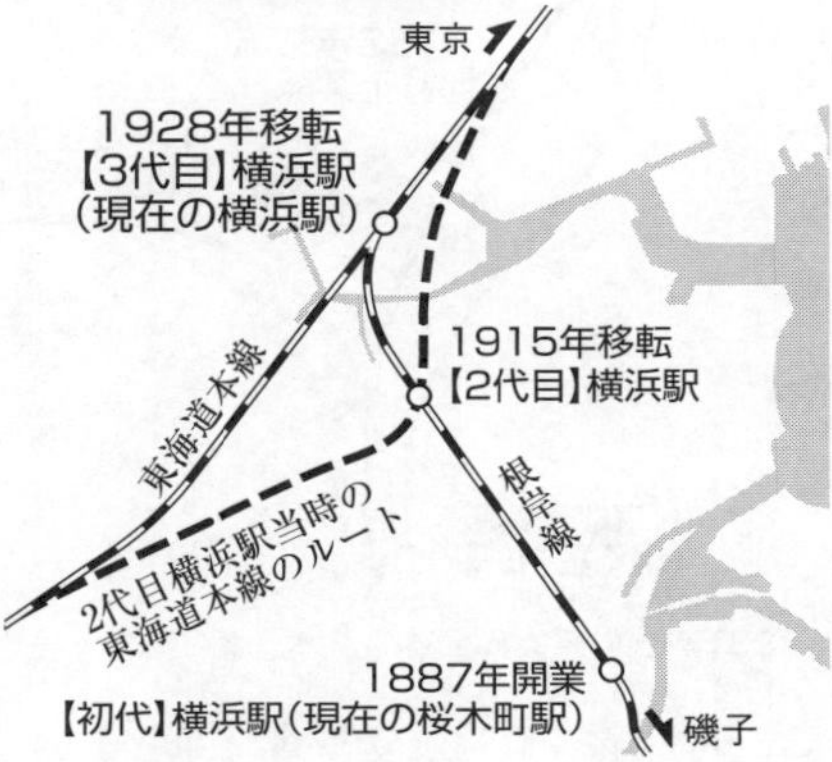

時代は１８８７（明治20）年までさかのぼる。東海道本線の延伸工事が進んで横浜駅〜国府津駅間が開業し、東海道本線を直進する列車は横浜駅でスイッチバック（この場合は、折り返して進路を変えること）を行うことになった。１８９８年には、スイッチバックを解消するために横浜駅を通らない短絡線が建設され、その路線上に神奈川駅と程ケ谷駅（現保土ケ谷駅）が設置された。１９１５（大正４）年には、優等列車が横浜駅を通過するのを解消するために、現在の横浜駅と桜木町駅の間に第2代となる横浜駅が設けられ、初代横浜駅は桜木町駅になった。しかし、１９２３年の関東大震災で横浜駅の駅舎が壊滅してしまう。しばらくの間は仮駅舎で営業が行われていたが、１９２８（昭和３）年に3代目として、横浜駅は今の場所に移動した。このとき、神奈川駅は廃止された。

　１９２８年から90年近くもの時を経た現在の横浜駅は、ＪＲ東日本、京急電鉄、東急電鉄、相模鉄道、横浜高速鉄道、横浜市交通局という6社（これは日本で最大）の路線が乗り入れる巨大な乗りかえ駅である。1日あたりの乗降客数は世界第5位の222万人（2014年）だ。

房総半島を一周する列車がない理由●千葉駅

千葉駅にも、路線の乗りかえ方向を変えるために移転された過去がある。これは、都心方面からの列車が房総地区の各路線に直行できるようにするためだった。

図12　千葉駅移転変遷図

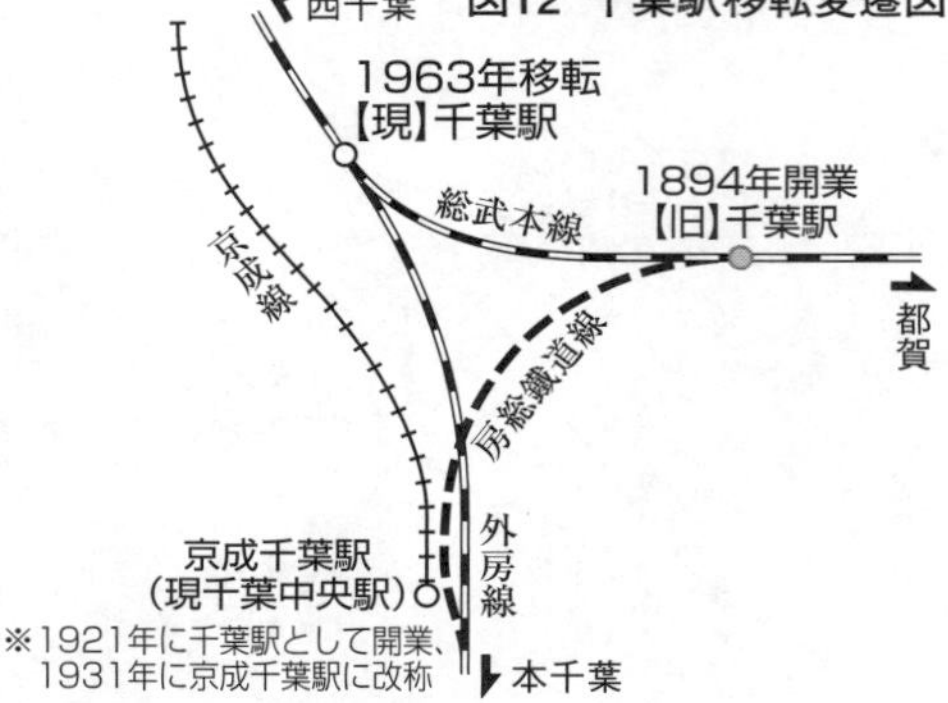

千葉駅の開業は、総武鉄道の市川駅～佐倉駅間が開業した1894（明治27）年だった。このときの千葉駅は、現在の東千葉駅に近い、千葉市民会館付近に設けられた。1896年になると、蘇我駅～大網駅間の路線を持っていた房総鐵道が千葉駅まで路線を延ばして乗り入れた。この時代には、総武鉄道も房総鐵道も、西南方向から千葉駅につながっていた。

1907年には両社ともに国有化されて、総武本線と外房線になった。その後長い間、都内から房総半島方面に向かう列車は、旧千葉駅で折り返し運転を行っていた。百鬼園先生こと内田百閒が、『阿房列車』の「房総鼻眼鏡」で「千葉駅の待合所の風の当たらない隅にちぢこまって、ふるえていた。」と書いた千葉駅は、旧千葉駅のことである。東京方面からの列車のスイッチバックを解消するために千葉駅が現在の位置に移転されたのは、1963（昭和38）年のことだった。

そういえば、外房線と東金線の乗りかえ駅の大網駅も、以前は東金駅方面から千葉駅方面と安房鴨川駅方面に直行する位置にあり、外房線の列車はスイッチバックを行っていた。現在の場所に移転したのは1972年のことで、これでようやく外房線の列車はスイッチバックなしに都内から安房鴨川駅方面に直行できるようになった。もっとも、その昔、3回（千葉駅で2回）のスイッチバックを行っていた時代には、都内を出た列車が房総半島を一周すると、出発したときと同じ向きになって都内に戻っていたのだが、現在は編成の向きが逆転してしまうので、逆転によって起こる運用や整備上の不都合を避けるため、房総半島を周回する列車は運行されていない。

東京からも名古屋からも松本方面へ●塩尻駅

昭和も終わり近くになって大移転が行われた乗りかえ駅が、中央本線と篠ノ井線の乗りかえ駅、塩尻駅だ。

塩尻駅は1902（明治35）年、松本駅～塩尻駅間が開通した際に開業した。1906年には国有鉄道八王子駅〜塩尻駅間が開通。1911年に昌平橋駅〜塩尻駅〜名古屋駅間が全通して中央本線となり、塩尻駅〜松本駅〜篠ノ井駅間は篠ノ井線となった。

当時の塩尻駅は、東京方面から名古屋方面と松本方面に直行できる配線になっていて、名古屋方面と松本方面を結ぶ列車はスイッチバックしなければならなかった。しかしながら、その当時から東京都内と名古屋駅間を中央本線経由で結ぶ列車はほとんどなく、列車の運行は東京方面と松本方面を結ぶルートと、名古屋方面と松本、長野方面を結ぶルートに二分されていた。塩尻駅経由で新宿駅と名古屋駅を結んでいた定期列車の運行は、1961（昭和36）年まで運転されていた419レ〜準急810レと準急807レ〜432レの一往復が最後だった。そこで、1982年に、東京と名古屋の両方向から松本方面に直行できるように、現在の場所に駅が移転されたのである。

話が分岐するが、塩尻駅移転の翌年、塩嶺トンネルが開通。岡谷駅からみどり湖駅を経由する現在の中央本線が開通した。この際に、辰野駅経由の旧路線は中央本線の支線となった。この辰野駅経由のルートは、別名「大八廻り」とも呼ばれている。

中央本線建設当時には、諏訪〜名古屋間のルートを木曽谷経由にするか、伊那谷経由にするかで、双方の谷の住民の間で激しい招致合戦が行われた。結局、中央本線は木曽谷ルートに決定したのだが、伊那谷出身の代議士で1898年に逓信省鉄道局長に就任した伊藤大八が、伊那谷の入り口にあたる辰野まで強引に線路を引っ張ってきたそうで、辰野駅経由のルートは「大八廻り」の名を戴くことになったのだという。もっとも、中央線が建設された当初には、塩嶺トンネルのような長大な（開通時の全長5994メートル）トンネルを掘る技術はまだなかったので、ルートの決定にどこまで政治的な圧力の影響があったかは定かではない。

6　駅名が移動した乗りかえ駅

駅名の変更は、思いのほか頻繁に行われている。たとえば、国鉄がJRへチェンジした際には相当数の駅名が変更された。当然至極ながら、イメージ刷新の狙いは大きかったことだろう。

改称にはいくつかのパターンがあり、脇野田駅のように、新たに連絡駅となったり、駅が移動したりする際に変更される場合もあるし、自治体の名称変更で駅名が変わることもある。近年では、観光客誘致を目的とした「〇〇温泉」という改称も見かける。この10年ほどの間にも、「城崎駅→城崎温泉駅」（山陰本線、2005年改称）や、「雄琴駅→おごと温泉駅」（湖西線、2008年改称）など、いくつかの駅が「温泉」を名乗るようになった。また、「筑前新宮駅→福工大前駅」（鹿児島本線、2008年改称）のように、「〇〇校前」「〇〇学園」など、学校名を名乗る駅も増えている。地域の学園都市としてのイメージアップ目的もあるだろうし、地方のローカル線は中高生や年配の方の大事な足だから、生活者の利便性（なじみやすさ、覚えやすさなど）を図る目的もあるだろう。

また他方、長年慣れ親しんできた駅名が改称されて、戸惑うこともある。その経緯を追うと、乗りかえ駅の移り変わりそのものが浮かび上がってくることもある。

旧尻内駅が八戸駅に、初代八戸駅は本八戸駅に●八戸駅

現在、東北新幹線とJR八戸線、元東北本線の第三セクター転換路線、青い森鉄道の乗りかえ駅になっている八戸駅は、2代目の八戸駅だ。かつては尻内駅という名前だった。尻内駅の開業は、日本鉄道の青森線が開通した1891（明治24）年のことである。

1894年に尻内駅と八ノ戸駅（後に八戸駅）を結ぶ青森線支線（現八戸線）が開業し、尻内駅は乗りかえ駅になった。この八ノ戸駅が初代の八戸駅（現本八戸駅）で、市街中心近くの八戸城（現三八城《みやぎ》公園）の北側に設けられ、付近には官公庁の建物が集まった。

1929（昭和4）年から翌年にかけて、尻内駅〜五戸駅間を結ぶ五戸電気鉄道（後の南部鉄道）が開通したが、この路線は1968年の十勝沖地震によって被災し、翌年に廃止されている。

尻内駅が八戸駅に改名されたのは、1971年4月1日のことだ。その2カ月前に初代八戸駅は本八戸駅に改名されている。「八戸」という駅名は、ローカル線上ではなく、東北本線上にあったほうが全国にアピールするという判断に加えて、「尻内」という地名の字面が悪く、野暮ったく思われた、という事情もあったようだ。

東北新幹線が八戸駅まで開業した2002(平成14)年頃になると、ようやく八戸駅近辺にも官公庁や市街地が設けられるようになったが、いまだに八戸市の市街地の中心は、初代の八戸駅である本八戸駅周辺である。地元では「ほんぱち」と呼ばれているようだ。

「尻内」という地名は、古くは「尻打」と記されていたという。馬の尻を打って、馬を追っていた地ということで、古代から名馬の産地として知られてきた、南部駒の牧(馬の放牧地)が広がっていたこの地にふさわしい、ゆかしい地名に思えるのに、惜しいことをするものだ。「尻内」を「尻打」と表記して、古代をアピールする時代がまた来ないとも限らないが。

宿場町悲願の新駅誘致で駅名が移動●三島駅

1900(明治33)年に発表された『鉄道唱歌』第1集の16番は、「三島は近年ひらけたる 豆相線路のわかれみち~」と始まる。豆相線路とは、三島から大仁駅へと向かう豆相鉄道(現伊豆箱根鉄道駿豆線）のことだ。となれば、ここで謳われている「三島」は東海道本線と新幹線の連絡駅の現三島駅かと思いきや、そうではなく、当時の三島駅は現在のJR御殿場線の下土狩駅のことだった。

新橋駅〜神戸駅間の東海道本線が全通したのは1889（明治22）年のことで、このときのルートは現在の御殿場線経由だった。旧東海道の宿場町で箱根の山越えの拠点となっていた三島宿には線路は通らず、近隣に駅も設けられなかった。東海道本線が三島を通らなかったことについては諸説あるようだが、宿場の「鉄道忌避伝説」のためではなく、三島宿を経由するとかなり遠回りになるうえ、御殿場へ向かう勾配がよりきつくなるためであっただろうと思われる。当時、御殿場越えの急勾配は、東海道本線最大の難所だった。

東海道本線のルートから外れると三島の町は徐々に寂れていったため、三島の人々は、三島近くに駅の設置を求める請願を行った。豆相鉄道の乗りかえ駅として初代の三島駅が開業したのは1898年のことだった。

1934（昭和9）年に丹那トンネルが開通し、東海道本線のルートが変更されると、かつての三島宿（三嶋大社〜伊豆箱根鉄道三島広小路駅付近）に近い現在の地に駅が設けられ、旧三島駅は下土狩駅に名称を変更し、新たな三島駅が誕生した。また、このとき同時に駿豆鉄道と改称していた豆相鉄道も、現三島駅起点に路線を変更した。この際にも、丹那トンネル出口の函南駅から沼津駅までまっすぐに西進する予定だった東海道本線の経路を、三島の人々が鉄道省に掛け合って大きく北側に迂回させて三島宿の北側を通るように変更させたという話が残っている。

1969年に東海道新幹線の開業5年目に新駅1号として三島駅が開業したのは、みなさんご存じのとおり。現在は、「こだま」の全列車と、1日上下6本ずつの「ひかり」が停車する。

7 貨物輸送だけが残った駅

鉄道による貨物輸送が低迷し、貨物線が旅客線に転用されたり、一般駅が貨物扱いをやめて旅客駅になったりした例は、各地に多数ある。その一方で、客貨双方を輸送していた鉄道が旅客扱いをやめて貨物の専用線になって乗りかえ駅が消えてしまった、あるいは、駅の規模が縮小されてしまったという例も、わずかではあるが、ある。地域の産業と深い関わりを持つ2例を見てみよう。

イベントのある日だけ旅客列車が走る●泉駅（福島臨海鉄道）

まずは常磐線の泉駅（福島県いわき市）。泉駅の旅客ホームの北側には、何本もの留置線が並ん

福島臨海鉄道泉駅、小名浜臨港鉄道時代の専用ホーム（1991年）

でいて、ときおりディーゼル機関車に引かれた貨物列車が発着している。この貨物列車を運行しているのは、泉駅と小名浜港を結ぶ福島臨海鉄道だ。

福島臨海鉄道の歴史をさかのぼると、1907（明治40）年に開業した小名浜馬車軌道にたどり着く。1915（大正4）年には、小名浜と江名の港を結ぶ磐城海岸軌道が開業している。この馬車軌道は、江名や小名浜の港に揚がった海産物を泉駅に運ぶために設けられたものだった。のちに社名は小名浜臨港鉄道に改められている。1941（昭和16）年には、車両を常磐線に直通させるために、軌間を1067ミリに改めた。戦後、小名浜は、新産業都市の指定を受けて工業都市として栄え、小名浜港も漁港から国際貿易港へと発展していく。

1967年には、社名が小名浜臨港鉄道から福島臨海鉄道になった。当時は貨物だけでなく、工場や港湾労働者、小名浜の市場への買い出し客などを乗客とする旅客営業も行われていたから、泉駅は貨物の受け渡しだけでなく、旅客の乗りかえ駅としての役割も担っていた。

福島臨海鉄道が旅客輸送を廃止したのは1972年10月1日で、このとき、泉駅は一般駅の単独駅となった。

しかし、路線は今もつながっているので、いわき花火大会のようなイベントが小名浜で催される際には、JR東日本からの臨時旅客列車が小名浜駅まで運転されたこともあった。

復興担うセメント大手のお膝元●盛駅（岩手開発鉄道）

岩手県大船渡市の盛《さかり》駅は、JR大船渡線（現在はBRTで運行）と三陸鉄道南リアス線の乗りかえ駅だ。両線の列車はともに南側から盛駅に進入しているのだが、駅の南北に向かってもう一つ、別の路線が延びている。岩手開発鉄道の日頃市《ひころいち》線（盛駅～岩手石橋駅間）と赤崎線（盛駅～赤崎駅間）である。岩手開発鉄道は、大船渡内陸の大船渡鉱山で産出される石灰石を、赤崎の太平洋セメント大船渡工場まで運んでいる鉄道だ。

岩手開発鉄道の盛駅～日頃市駅間が開業したのは1950（昭和25）年。路線は、1957年に赤崎駅まで、1960年には岩手石橋駅まで開通している。岩手開発鉄道は1992（平成4）

岩手開発鉄道の旅客営業廃止前年、1991年当時の盛駅とキハ202

年までは旅客営業も行っており、地方のローカル私鉄にしては珍しく、キハ202というオリジナルの気動車まで持っていた。全国ではほとんど知られていないが、地域の人はみな知っているという鉄道の代表例の一つだろう。

1984年4月1日に三陸鉄道が開業するまでは、盛駅は国鉄大船渡線と岩手開発鉄道の乗りかえ駅だった。それからしばらくの間、盛駅は3路線の乗りかえ駅として機能していたのだが、1992（平成4）年4月1日に岩手開発鉄道が旅客営業を廃止したため貨物線用鉄道となり、盛駅は2路線の乗りかえ駅になった。

2011年3月11日の東日本大震災では、岩手開発鉄道も大きな被害を被った。復旧までに8カ月ほどかかり、同年11月7日に運転再開を果たしている。

Column 乗りかえ駅 JR時刻表編集部に聞きました【1】

列車を乗りかえ、乗り継いで旅するときの必需品、時刻表。これさえあれば乗りかえの旅は自由自在だ。列車の発着時刻や停車駅がわかるし、主要駅の構内図も載っているので心強い。

では、鉄道のオーソリティ、時刻表編集部から見ると、「乗りかえ駅」とはいかなるものなのか？　乗りかえに関わる時刻表制作時のポイントや、編集部推薦の面白乗りかえ駅について尋ねてみた。

Q1　乗りかえ時間はどのように算出しているのですか？

鉄道会社の指示による（基本的には標準の距離基準で算出、階段やその他を加味したうえで、全世代を考慮して算出しているとうかがっている）。

Q2　駅構内図の作成方法を教えてください。

①鉄道会社より平面図を入手。入手できない場合は現地に赴き、描きおこす。
②建物の各層ごとに描きおこし、立体的に合わせていく。
③鉄道会社に確認していただくとともに、さらに現地に赴き、内容を確認する。

Q3　時刻表上で、長距離路線を分割表示する場合のポイントと工夫について教えてください。

限られたスペースの中で、お客様に対していかに使いやすく＝見やすくお使いいただけるかを念頭に置き、レイアウトを作成している。長大線区の場合は、列車体系（行き先や本数）に従って、線区の区切りを決めている。

東北本線を例にとると、１ページで東京～仙台間まで表示可能だが、東京～宇都宮間の列車本数が圧倒的に多く、宇都宮では黒磯行きに接続しているため、東京～黒磯間・黒磯～仙台間で区切っている。１ページで東京～仙台間を表示すると左右本数が増えてしまい、ご利用のお客様にとってはページをめくる回数が増えてしまい、目的の列車が探しづらくなる。また、列車本数が多い区間で区切ることで、時刻の表示がない(時刻表では「‥」で表示）余分なスペースを減らすことができる。

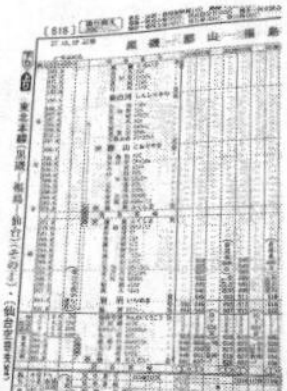

このほか、特急列車運行体系も鑑み、分割表示する区間を考えている。

III 多彩な乗りかえ駅

1 乗りかえ駅をラッシュ対策から見ると？

大都市圏のラッシュ対策

大都市圏の鉄道利用者にとって大きな課題の一つは、ラッシュにどう立ち向かうかだろう。もっとも混雑する時間帯を避けるために早めの時差通勤を行ったり、途中駅で始発電車に乗りかえて座席を確保したりするなどの対策を講じている方も多いことと思う。

鉄道会社各社も、知恵を絞り、工夫を凝らし、時には人力に頼った力業（乗客を物理的に車内に押し込んだり、引きはがしたり）も駆使して、ラッシュに対処してきた。

鉄道会社の側が行うラッシュ時の混雑解消にはさまざまな方法があるが、まずは輸送量を増強すること。単線を複線に、複線を複々線にと路線を増やし、平行ダイヤ（特急も各駅停車も同じ速度で走らせて、追い越しのための待ち時間をなくすダイヤ）を組んで運転本数を増やす。ホームの延長工事を行って8両編成を10両編成に、10両編成を15両編成にと、列車編成を長くする。

特に昭和の時代、国鉄の時代には、路線を増やすこと（線増）に重点を置いた輸送力の増強が盛んに行われていた。

図13「通勤五方面作戦」対象5路線

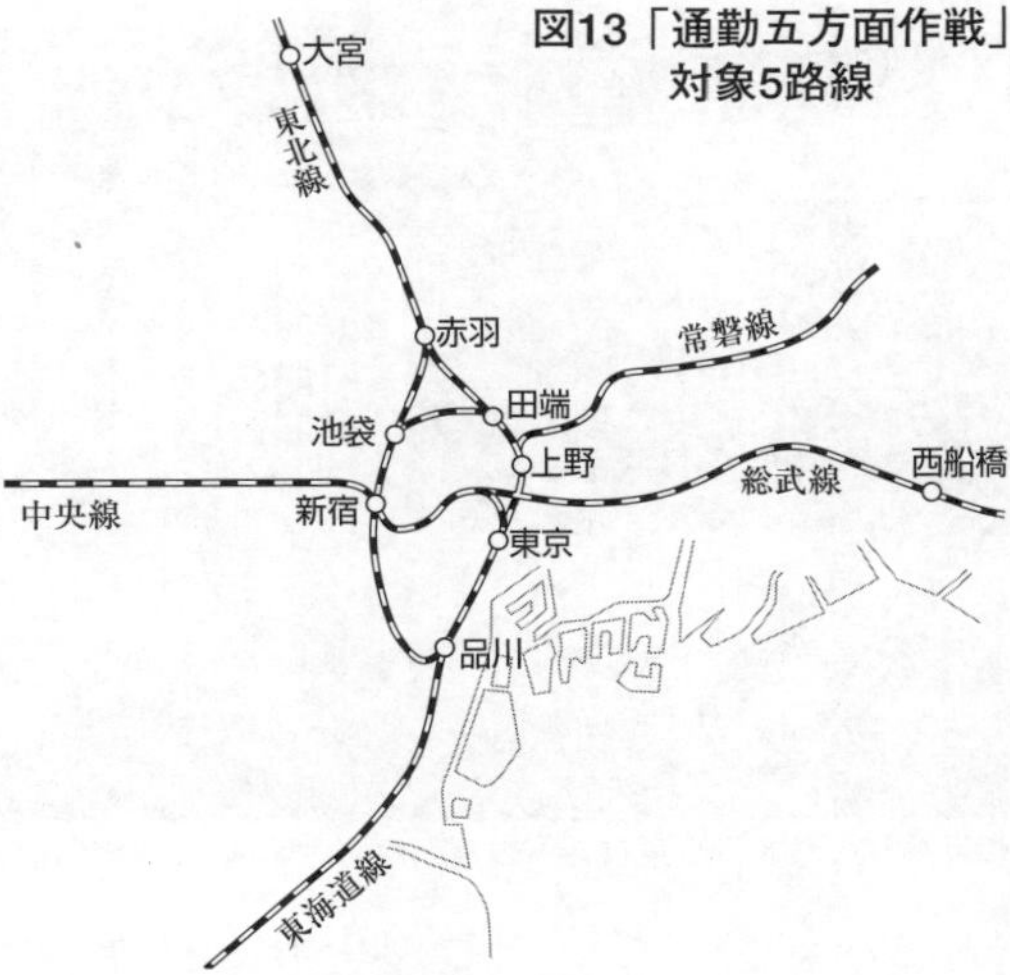

国鉄時代の「通勤五方面作戦」！

１９６０年代、国鉄は東京都市圏の混雑解消のために「通勤五方面作戦」なるものを展開していた。五方面とは都心を中心に放射状に延びる路線系統で、東海道・横須賀線方面、中央線方面、東北・高崎線方面、常磐線方面、総武線方面を指す。

運輸白書などの当時の資料によると、通勤ラッシュ時の総武線や東北線の乗車率は、３００％を超えていた。ぎゅうぎゅうに押し込まれた車内では身動きすらできず、ただひたすら酸素を求めるだけという状態だったようだ。しかも、当時の通勤電車の主力は72系電車で、ドアは乗降に時間がかかる片開き。冷房装置もなかった。

「通勤五方面作戦」はもっぱら線増によって運転本数を増やすという作戦で、国鉄の本気が感じられる実に大がかりなものだった。まず、それまで同じ路線を使っていた東海道本線と横須賀線

相互乗り入れを行う東京メトロ東西線（右手前）と総武線（左奥）

を分離し、中央線の中野駅〜三鷹駅間を複々線にして東西線と相互乗り入れを行う。赤羽駅〜大宮駅間は3複線にして、電車（京浜東北線）と列車（東北・高崎線）と貨物列車を分離する。常磐線では、綾瀬駅〜取手駅間を複々線にして地下鉄千代田線と相互乗り入れを行う。総武線では、東京駅〜錦糸町駅間に新線を建設し、錦糸町駅〜千葉駅間を複々線にして、同時に横須賀線と乗り入れを行った。振り返ってみるに、凄まじい規模だ。

さらなる対策としては通勤新線を建設すればよいのだろうが、都市近郊では地価の高騰や環境への影響、そもそも建設するべき土地がないなど、さまざまな懸案事項があって、新規路線の建設は思うに任せない。ならばと、貨物線が旅客用に転用されたり、通勤用路線の地下鉄化が行われたりと、あらゆる方法が取られてきた。

乗りかえをスムーズにすばやく行うことも混雑を緩和する有効な方法だから、ホーム上で整列乗車を呼びかけたり、階段規制を行ったり、乗りかえを事細かに案内したり。車両のドアを両開きにして幅を広げたり、ドアの数そのものを増やしたり、近年では折りたためる座席を採用したり。ホームに階段やエスカレーターを増設する、コンコースの幅を広げるなどして駅構内を改造したり。路線の配線、乗り入れ事情、車両の新製や運用、駅そのものの構造、ホームドアのような安全対策、ＡＴＣなどの列車の制御システム。こうして概観するだけでも、大都市圏の乗りかえ駅ではさまざまな要素が絡み合い、それぞれに複雑な事情や課題を抱えていることがわかる。

方向別運転と線路別運転――便利なのはどっち？

線増はラッシュ対策として大きな効果が見込める対策だが、線増の中でもＪＲ、私鉄各社が積極的に行ってきた方法が、複線の複々線化だ。

複々線とは、単に線路が４本並んでいるだけではなく、同じ方向に向かう線路が上下それぞれ２線ずつ敷設されていることを指す。線路の配線によって、「方向別複々線」と「線路別複々線」に分けられるのだが、これが乗りかえに大きな影響を与えている。

東急田園都市線と大井町線が走る二子玉川駅～溝の口駅間の方向別複々線

図14　方向別運転・線路別運転

□ 方向別複々線：「上上下下」
上り路線・下り路線ごとで１ホーム

□ 線路別複々線：「上下上下」
進行方向が反対の同一路線で１ホーム

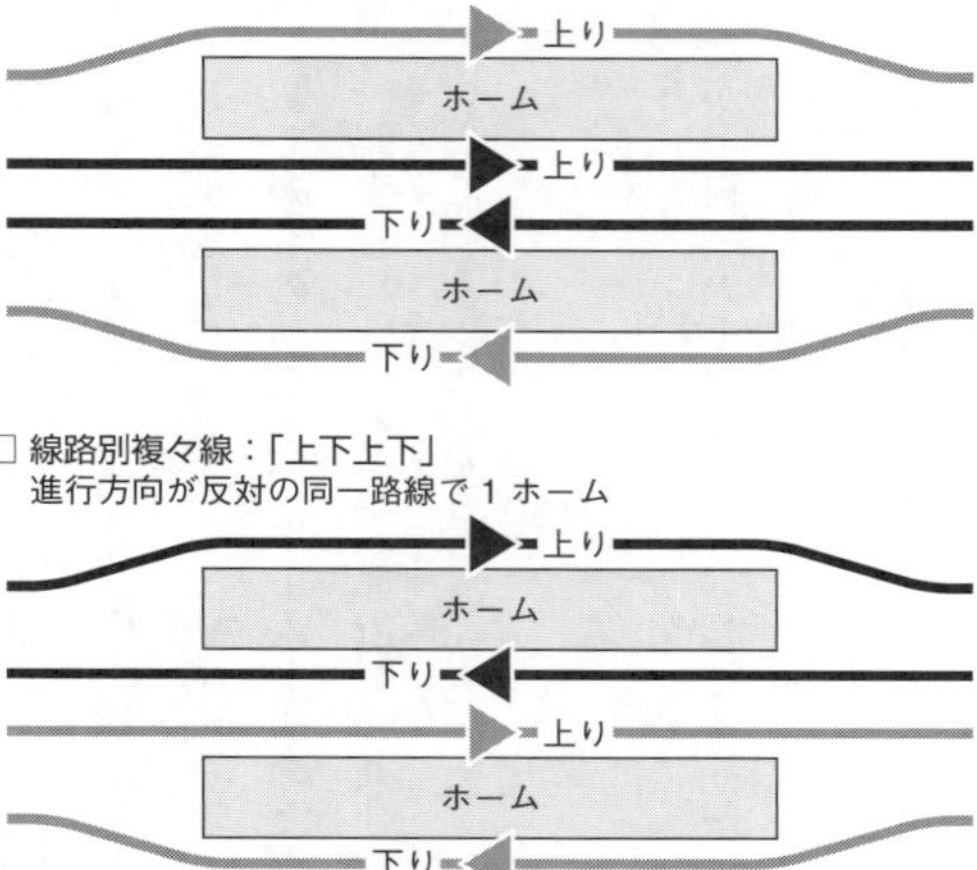

「方向別複々線」は、上上下下のように、同じ方向へ向かう路線――上り方面の路線と下り方面の路線とが2線ずつ隣り合っている配線を指す。緩急連絡のように、同じ方向へ向かう乗りかえが、同じホーム上で行えるため、乗客にとっては便利だ。しかし、速い列車、便利な列車に乗客が集中してしまい、超満員の特急ががらがらの各停を追い抜いていくという光景もよく見られる。

首都圏の代表的な方向別複々線区間は、山手線と京浜東北線の田端駅～田町駅間である。また、東武鉄道スカイツリーラインの北千住駅～北越谷駅間、西武池袋線の練馬駅～石神井公園駅間、小田急電鉄の梅ヶ丘駅～登戸駅の手前までの間など、最近の首都圏の私鉄では、ほとんどが方向別複々線で線増されている。

東急電鉄の田園調布駅～日吉駅間の複々線は、東横線と目黒線の複線が並走している形だが、田園調布駅の手前で東横線の下り線が目黒線をまたぎ、4線の外側2線を東横線が、内側2線を目黒線が走るようになった結果、同じ方向に向かう路線が隣り合うことになった。

一方、「線路別複々線」は、上下上下という具合に、異なる方向へ向かう線路同士が隣り合っている配線だ。総武線の錦糸町駅～千葉駅間など、「通勤五方面作戦」時代の線増は、線路別で複々線化された区間が多く、同方向の乗りかえなのに別のホームに移動しなくてはならないというデメリットがあり、乗客から不満が出ることもあるが、列車やホームの混雑率が平均化される、事故や故障の影響が少なく、復旧が早い、などのメリットもある。

ちなみに、日本最長の複々線区間は、東海道本線～山陽本線の草津駅～西明石駅間120・9キロで、このうち、草津駅～新長田駅の東側までの間は方向別複々線に、新長田駅の東側～西明石駅間は線路別の複々線になっている。

次の電車はどのホーム？　同方面行きの電車が3面のホームから出発！●中野駅

前項で触れたとおり、線路別複々線は、乗りかえが不便だ。その端的な例が、中央線、総武線、東京メトロ東西線が集まる中野駅の乗りかえだ。

総武線や東西線には中野駅止まりの電車が多く、その先まで行くには乗りかえが必要になるのだが、三鷹駅方面行きの電車は、1番線、3番線、6番線という異なる3本のホームから出発する。次の下りは何番線から出るのかを確認している間に、乗るべき電車が出発してしまい、また別の電車を確認して、別のホームへ移動するということが、かなりの頻度で起きてしまう。

また、武蔵境駅より先に行くときは、6番線の中央線に乗らなければ、三鷹駅などで2度目の乗りかえが必要になってしまうし、土曜・休日の快速電車は高円寺駅、阿佐ケ谷駅、西荻窪駅には停車しないので、これらの駅に向かうときには6番線は使えない。

中野駅の列車案内表示。下り方面の電車は1、3、6番線から発車

上りの場合はもう少しシンプルだが、それでも東西線の上り電車は4番線と5番線から出発するし、早朝や深夜の中央線上り電車は2番線と8番線から出発する。

こんなにも複雑な中野駅だが、これが線路別運転というものであり、通勤、通学客は難なく乗りこなしているように見える。日々利用する者にとっては、事故などの際に復旧が早い、混雑が分散される、という意味は大きい。

中野駅で戸惑うのは、たまに乗る人、初めて乗る人、でしょうね。そういえば、中野駅では外国の人に「コノ電車ハ○○へ行キマスカ?」と尋ねられることも多いのだが、答えはたいてい「行キマセン」になる。こうした意味で、中野駅は首都圏に特化した上級乗りかえ駅と言えるだろう。

2 世界一の乗りかえ駅——新宿はどこまで新宿か

「新宿」を名乗る駅は14駅もある

都内で「東京」を名乗る鉄道駅は「東京駅」「とうきょうスカイツリー駅」「東京テレポート駅」の3駅、「品川」は「品川駅」「北品川駅」「品川シーサイド駅」の3駅、「渋谷」は「渋谷駅」だけ。「池袋」は「池袋駅」「東池袋駅」「北池袋駅」の3駅、「上野」は「上野駅」「京成上野駅」「上野広小路駅」「上野御徒町駅」の4駅ある。

では「新宿」はというと、「新宿駅」「新宿三丁目駅」「新宿御苑前駅」「西武新宿駅」「西新宿駅」「新宿西口駅」「西新宿五丁目駅」「東新宿駅」「南新宿駅」の9駅。「小田急新宿駅」「京王線新宿駅」「京王新線新宿駅」「丸ノ内線新宿駅」「大江戸線新宿駅」なども入れれば、14もの「新宿」駅がある。

新宿駅東口。駅ビルの2階に西武鉄道が乗り入れる計画があった

朝9時を過ぎても大勢の乗客で混雑する新宿駅山手線ホーム

次に「新宿」を通る路線や運転系統を挙げれば、「新宿駅」にはJRの山手線、湘南新宿ライン、埼京線、中央線、総武緩行線に、小田急線、京王線、京王新線、東京メトロ丸ノ内線、都営地下鉄の新宿線と大江戸線、都合11路線が通っている。「新宿三丁目駅」には丸ノ内線と東京メトロ副都心線、新宿線の3路線、「新宿御苑前駅」「西新宿駅」には丸ノ内線、「西武新宿駅」には西武新宿線、「新宿西口駅」と「西新宿五丁目駅」には大江戸線、「東新宿駅」には副都心線と大江戸線、「南新宿駅」には小田急線。これだけの駅と路線が、東西約2・5キロ、南北約2キロの範囲内にひしめいているのである。

JR新宿駅の1日あたりの乗車人員は74万8157人（2014年）、新宿駅全体で見れば、1日あたりの乗降客数は約335万人（2013年）。この数字は世界一で、ギネスの世界記録にも登録されている。335万人という数字は、大阪市の総人口266万人より70万人も多く、横浜市の総人口約370万人に迫る勢いの数だ。近辺の「新宿駅」まで含めたら、乗降客数はさらに大きな数字になる。

これらの「新宿駅」の中で、地下道でつながっていない完全な単独駅は、新宿御苑前駅と西新宿五丁目駅、南新宿駅の3駅だけ。東新宿駅は都営大江戸線と東京メトロ副都心線の乗りかえ駅になっている――ここまでは間違いない。

しかし、そのほかの「新宿駅」グループの駅については、互いに地下道で結ばれているけれども、どの駅とどの駅が乗りかえ駅にあたるのかを断言するのは難しい。乗りかえ案内が各社によって異なっているためだ。「新宿」ではないけれど、大江戸線の新宿駅と西新宿五丁目駅との間にある都庁前駅も、新宿駅や西新宿駅と地下道でつながっている「新宿駅」グループの一員であり、これら「新宿駅」及び「新宿駅」グループが地下道を通じてどのようにつながっているのかを把握するのは並大抵のことではない。

たとえば、大江戸線の新宿駅から新宿西口駅に向かおうとする場合には、地下鉄の路線図では都庁前で乗りかえることになっているのだが、新宿駅西口を歩けば、地上でも、地下でも5分ほどしかかからない。また、新宿西口地下道の案内図によれば、丸ノ内線の西新宿駅から新宿駅までは都庁前を経由する地下道を歩いて約700～800メートルほどだが、私の場合、とあるビルの中を通り抜けてしまうので歩く距離は半分ほどで済む。もちろん、他人様のビルの中を通り抜けよとアナウンスするわけにはいかないのだが。これらの例は、「新宿で乗りかえる」という巨大な氷山の、ごく一角である。

どの路線に乗りかえるのか、どの「新宿駅」で下車して、どの「新宿駅」へ向かうのか、駅構内、連絡地下道、地上公道など、どこをどう通って駅に向かうのか。世界一の駅では、乗りかえの選択肢も厖大なのである。

渋谷区まで膨張しつづける新宿駅

1885年、開業当初の新宿駅は山手線1路線だけの小さな駅だった（23ページ）。変遷をざっとまとめてみると、
1889年　甲武鉄道が開通（新宿駅が今の山手線、中央線の乗りかえ駅に）
1894年　甲武鉄道の新宿駅～牛込駅（市ケ谷と飯田橋の間にあった駅）が開通
1904年　甲武鉄道が電車の運転を開始。新宿駅構内に電車庫ができる
1915年　京王電軌（現京王電鉄）の新宿追分駅が開業

1921年　西武軌道（のちの都電杉並線）の淀橋～荻窪間が開業
1927年　小田原急行鉄道（現小田急電鉄）が開業
1952年　西武新宿駅が開業
1959年　営団地下鉄（現東京メトロ）丸ノ内線が開業

高度成長期初期までで、こんな流れになっている。大正初期の新宿駅の図面を見ると、中央線の電車区間には、甲州街道の北側と青梅街道の南側の2つの新宿駅があった。この南北の新宿駅の間は100メートルあるかないかくらいで、路面電車の停留所間よりも近い。電車が新宿駅を出発したと思うまもなく、すぐにまた新宿駅に到着していたのだ。

なぜこんなに距離のない所に2つの駅が設けられたのかというと、もともと甲州街道側の駅が当時の駅舎側にあり、山手線のホームなどと跨線橋で結ばれていたのだが、青梅街道側には淀橋浄水場や工場、学校などがあり、そこへ通勤、通学する乗客のために、青梅街道側にもホームが設けられたということのようだ。この2つの駅はできた当時も謎めいて見えていたらしく、内田百閒も「一つの駅の構内に二つの停車場があると云うのが不思議であった」（『その時分』）と書いている。

代々木駅３番線から北を見ると、新宿駅が目の前に

新宿の大発展は、昭和に入り、小田急が開業した頃から加速した。国鉄新宿駅も拡大しつづけ、１９７０年代、私が高校生だった頃には5面10線の駅になっていた。

２０１５年現在のＪＲ新宿駅は8面16線。拡張に次ぐ拡張で、新宿駅の南端は新宿区をはみ出して渋谷区に食い込んでいる。近い将来、代々木駅を呑み込んでしまうのではないかと思えるほどの拡大ぶりだ。実際、現在の新宿駅の5、６番線ホームの南端から代々木駅の北端までは、約１００メートル。電車にしてわずか5両分ほどしか離れていない。新宿駅と代々木駅はまだ乗りかえ駅にはなっていないけれど、さて、どうなることでしょうね。

新宿駅の乗りかえ事情はどうなっている?

現在の新宿駅の乗りかえ事情について、思いつくことを挙げてみる。日々新宿駅を使っている人なら「なあんだ、そんなこと」と思われることかもしれないが、ご容赦ください。

前項に書いた、限りなく代々木駅ホームに近い新宿駅5、6番線は、特急「成田エクスプレス」(N'EX)の専用ホームだ(一部列車を除く)。このホーム、代々木駅に近い分だけ他のホームからは離れていて、特に13~16番線の総武線、山手線のホームから見ると、はるか遠くに見える。いや、実際、『JR時刻表』でも5、6番線への乗りかえ時間は約10分となっているので(同じ駅の中なのに!)、ご注意ください。

丸ノ内線の西新宿駅や西武新宿駅は、地下通路で新宿駅と結ばれているのだが、地下道経由はかなり遠回りになっているので、急ぐときには一度地上に出て歩いたほうが、ずっと早い。

新宿駅で副都心線の新宿三丁目駅に乗りかえる場合、東口から出ると新宿三丁目交差点付近まで、実際の距離はそれほどないのだが、人込みの中を長めに歩くことになる。しかし、東南口の階段を下りればすぐ右手の甲州街道の陸橋下に新宿三丁目駅E10口があるし、新南口に直結しているタイムズスクエアビルの正面には、E8口がある。E8口は新宿タカシマヤの地下1階にも

西武新宿駅構内。２面３線の頭端式ターミナルだ

連絡している。新宿駅と新宿三丁目駅は別の駅ということで乗りかえ案内は表示されていないし、そのとき、駅のどのあたりにいるかでも変わってくるが、これは覚えておくと便利だ。

都営大江戸線の新宿駅、新宿西口駅、都庁前駅の3駅は、地下道を歩いても行き来できる。これも、覚えておくと便利。

新宿駅構内には東口と西口を結ぶ自由通路はないが、小田急や京王の乗車券を持っている乗客は、新宿駅東口改札から入場して、JR新宿駅の構内を通り抜け、西口の小田急線や京王線の連絡改札口を、入場料金は払わずに通ることができる（東京人にとっては常識ですが）。

新宿から京王線の初台駅や幡ヶ谷駅に行くには、京王新宿駅（1〜3番線）ではなく、京王新線新宿駅（4、5番線）を使わなければならない。これも、京王線や京

小田急新宿駅の特急や急行が発着する地上ホーム

王新線利用者にとっては昔からの常識なのだが、沿線外の人や、遠くから来た人は「?」となりそうだ。蛇足ながら、京王線の新宿駅〜笹塚駅間には、かつての初台駅のホームが残っており、トンネル内で目を凝らせば旧駅の遺構を目にすることもできる。

新宿駅の駅ビル「マイシティ」が「ルミネエスト新宿」になり、副都心線が開通して、この10年ほどの間に駅周辺も様変わりした。膨張しつづけるメガターミナル「新宿駅」の乗りかえ情報については、常に更新が必要なのかもしれない。実は私自身、長く世話になっているなじみ深い駅だけに、便利な新駅があるとわかっていながら、昔から続けてきた歩き方や、乗りかえのクセをなかなか修正できずにいるのだが。

3　大都市の乗りかえ駅ならではの構造

ギガサイズの乗りかえ駅──乗車ホームはどこにある?●東京駅・名古屋駅

新宿駅に限らず、日本各地の都市の中心駅では、複雑な構造や個性的な構造が数多く見られる。日本の鉄道駅の中心、東京駅には、新幹線、JR在来線、地下鉄丸ノ内線を合わせて、15面のホームと30もの番線がある。名古屋駅には、新幹線ホームが2面4線、JR在来線ホームが6面12線、それに、あおなみ線と名古屋市営地下鉄東山線、桜通線のホームを合わせると全部で11面23線がある。かつ、名鉄名古屋駅と近鉄名古屋駅にも連絡している。

このように、新幹線の連絡駅や大都市の中心駅では、ホームが4~5面以上、番線が2桁以上あることもあって、乗りかえホームを探すのは一苦労だ。

最近では、駅構内の乗りかえ案内表示に、番線だけでなく、JR各社のコーポレートカラーや乗りかえ路線のラインカラー（鉄道会社ごとに定められた路線の色）が入れられて、数字と色の両方で乗りかえ客を誘導したり、LED表示を導入して視認性を高めたりするなどの工夫が凝らされている例が増えてきた。それでも、巨大な駅や構造が複雑な駅では、乗りかえ列車が出発するホームはどこにあるのかと迷うことも多い。

東京駅では、中央線の1〜2番線は、山手線、京浜東北線の3〜4番線の上にある。横須賀線・総武線のホームは地下5階に1〜4番線があり、京葉線ホームは地下4階に1〜4番線がある。そう、東京駅には1〜4番線が3組もあるのだ。また、在来線9〜10番線の隣が東北、上越新幹線の20〜23番線で、その先に東海道新幹線の14〜19番線がある。

案内表示に従って進めば迷うことはないはずなのだが、とにかく駅構内が広大なので、「どこがどこやら」感は、どうしてもある。『JR時刻表』によれば、東海道新幹線から総武地下ホームまでは15分、京葉地下ホームまでは20分（！）かかるということなので、乗りかえ時間には十分な余裕を見ておかなければならないだろう。

一方、名古屋駅の在来線には9番線が見当たらない。桜通口（東側）から順に1番線、2番線ときて、8番線の次が10番線。9番線がないわけではなく、線路はあるのだが、ホームがないのだ。8番線と10番線の間にある線路が9番線で、これは中線《なかせん》と呼ばれ、列車の回送や待避、機関車の機回し（機関車を付け替えるために移動させること）などに用いられている。

欠番の番線は、意外にあちこちの駅にあるもので、これは、気にする必要はない。それより名古屋駅の最大の問題は、あおなみ線、地下鉄線、名鉄線、近鉄線相互の乗りかえのわかりにくさでしょうね。名古屋駅では、各路線間を短絡する通路がなく、あおなみ線と、名鉄線や近鉄線との乗りかえには10分以上かかる。関連5社の案内表示も入り乱れていて、「名駅」ならぬ「迷駅」だと揶揄されることもあるようだ。

東京駅や名古屋駅はメガサイズ、いや、ギガサイズの駅だから、致し方ないところがあると思うのだが、世の中にはまだまだ、乗りかえに苦労する駅がある。

1面のホームに4つの番線――切り欠きホームの乗りかえ●岡山駅

岡山市は中国地方の交通の要衝で、山陰や四国地方へのゲートウェイ。内田百閒先生の出生地でもある。岡山駅は、山陽新幹線と、JR山陽本線、宇野線・瀬戸大橋線、津山線、吉備線が発着するターミナル駅で、伯備線や赤穂線の事実上の起終点駅ともなっている。

岡山駅の新幹線ホームは高架上に、在来線は地上にある。新幹線ホームは2面4線の21～24番線、7路線8方面への列車が乗り入れている在来線ホームは4面あって、1～10番線まである。ホームが4面で、各ホームの両側に線路があるなら、番線は8番線までに決まっている……と思うところだが、ホームは欠番なしに、きちんと10番線までそろっている。

これはいったいどういうことか？　第3ホームの両端が「切り欠きホーム」になっていて、駅

岡山駅。6、7（切り欠きホーム）、8番線の3線に列車がそろい踏み

本屋側（東口側）に5〜6番線が、ホームの反対側に7〜8番線があるからだ。「切り欠きホーム」とは、ホームの一端を切り取って、そこに行き止まりの線路を設け、短編成の列車の発着に用いる構造をいう。

「切り欠きホーム」には、ホームの有効長が短くなる、乗りかえ表示が複雑でわかりにくい、乗りかえの移動距

両端に切り欠きホームがあるので、足元の案内表示も細かく丁寧だ

離が長くなる、などの欠点もあるが、限られたスペースの中でホームの数を増やさずに線路を増やすことができるため、地下駅や、ローカル線の発着用に用いられることがある。

岡山駅では、第1ホームの1～2番線は山陽本線の下りと伯備線用で、特急「やくも」はこのホームから出発する。第2ホームの3～4番線は山陽本線の上りと赤穂線用で、第3ホームの6番線と7番線が、四国連絡の特急「しおかぜ」「南風」「うずしお」や、快速「マリンライナー」用になっている。短いほうの5番線、8番線には、主に宇野線、瀬戸大橋線の各停が発着する。第4ホームの9番線は津山線、10番線は吉備線用だ。

岡山駅には、2004（平成16）年までは5面13線のホームと番線があったのだが、山陽本線の乗り場が分かれていたり、瀬戸大橋線の乗り場が足りなかったりと、何かと問題が多かったようだ。駅舎が橋上化されるにあたって、各ホームにエレベーターやエスカレーターを設けるなどのバリアフリー化が進められ、配線も工夫されて、現在のような構造となった。

長い第3ホームを4分割して宇野線・瀬戸大橋線用のホームとした結果、ホーム上で移動する距離が長くなった場合もあるにはあるけれども、乗りかえ時のロスが激減して、全体として使いやすい駅に生まれ変わった。

「0番線」から発車します！●京都駅

子ども向けの鉄道本で、「日本一長いホームは、どこの駅の何番線かな？」という設問を見かけることがある。これはいわゆる鉄板の設問で、答えは京都駅の0番線ホーム。「新幹線の車両は1両が20～25メートル、いちばん長い編成は17両だから、新幹線のホームには20～25×17で約400メートルの長さが必要だけど、京都駅のホームは、それより長い558メートルもあるよ」という解説が続いていたりする。

それにしても凄い長さだが、問題がもう一つあって、それは「0番線って、何かな？」ということだ。

従来、駅の番線は、駅本屋（駅舎の駅長室がある側）から順に1番線、2番線と番号を振られていた。これは、駅構内の信号やポイントの操作、列車の発着番線の確認をする際に生じるミスやトラブルをなるべく軽減するために設けられた決めごと、と考えるとわかりやすい。

かつての国鉄駅では、単式ホーム（片面ホーム）と島式ホーム（両側ホーム）が各1面の、2面3線という構造が多かった。駅舎につなげた単式ホームを設けて1番線とし、島式ホームを2～3番線とする形だ。これを基本形とし、1番線の端を切り欠いて貨物ホームを設けたり、1番線と2番線の間や3番線の外側に、待避線、機回し線を設けたりすることもよく行われていた。

この構造は、単線区間が多く、駅間距離が長く、貨物列車の運転が多かった時代には、非常に具合がよかった。上り下りの行き違いや、各停の追い越し、貨物列車の待避なども行え、支線を分岐する際にも便利だった。乗客にとっても、駅舎からつながる改札口の前が1番線というのはわかりやすくてよかった。

しかし現在では、信号やポイントの管理が路線ごとの指令所から遠隔操作で行われるようになり、方角が違う駅単位で番線の振り方が異なっていると間違いが起こりやすいため、「駅本屋側」ではなく、「下り線側」から順に1番線、2番線と番号が振られることが多くなった。

同時に、駅舎が橋上化されたり、地下化されたりした場合、単式ホームを島式ホームに変えて、1番線ホームの反対側に新たに設けた線路や、1番線ホームを切り欠いて設けた線路に、「0番線」が振り分けられるようになった。面白い例が「ゲゲゲの鬼太郎」ゆかりの鳥取県米子駅の境線乗り場。ここも1番線ホームを切り欠いた0番線なのだが、「霊番のりば」と呼ばれている。

京都駅の話に戻ろう。0番線ホームの西側は切り欠きの30番線で、関空アクセス特急「はるか」用のホームになっている。0番線は長さ323メートルで、30番線は235メートル、合わせて558メートル。最大9両編成で編成の長さ約180メートルの特急「サンダーバード」と「はるか」が同時に使用してもまだ余裕のある長さだ。

京都駅には、1番線が欠番であるとか、奈良線用の9番線、10番線が頭端式（ヨーロッパのターミナル駅によく見られる櫛形のホーム）であるとか、謎の構造がまだまだある。在来線ホームの0〜10番線に続いて、新幹線ホームが11〜14番線まであるのだけれど、15〜29番線が抜け落ちていて、30〜34番線に飛んでいるのも不思議だ。なぜいきなり30番台なのかというと、現31〜34番線は山陰本線（嵯峨野線）乗り場で、山陰線の「山」と「3」との語呂合わせだった、ということらしいのだが……。

ともかくも、34番線は日本のホームで最大の数字だ。ホームの長さも、番線の数字も日本一。意外に派手な種類の日本一ですね（イケズですみません）。

改札口を2度通る、中間改札の利便性

在来線から新幹線に乗りかえようとすると、駅構内にいても、もう一度改札口を通らなければなりませんね。この新幹線連絡改札口のような改札口の中にある改札口を「中間改札」という。

大きな乗りかえ駅には、必ずと言っていいほど中間改札がある。新幹線や私鉄の有料特急のような、いわゆる特別な列車が出発するホームへの出入り口に設けられていることもあるし、鉄道

会社と鉄道会社の境に設けられていることもある。

意味合いとしては、不正乗車の防止、それから、特別な列車に乗車するには乗車券の他に特急券、指定席券、寝台券などの切符が必要なので、それらをチェックするため。あえて改札を設けて、特別な列車の乗客と一般の乗客を区別する意味もあるだろう。

東武鉄道北千住駅１番線先端の特急専用口ホームに設けられている中間改札口

近頃では、中間改札の自動改札機で読み取った乗車列車、号車、座席ナンバーなどの情報は列車の車掌の端末に転送されるようになっている。車掌は車内検札の際、データが入力されていない座席にいる人の切符だけを確認すれば済むようになっていて、自動改札を通って指定席に乗車した後は、眠り込んでいても車内検札で起こされることがなくなった。時に電子管理によって見張られているような気がすることもないではないが（私だけですね）、座席をさばくには格好の方法だろう。

中間改札には、もちろん不便な面もある。「2度通るのは面倒だ」という横着心は置いておくとして、困るのは、中間改札を抜けた先で見送りや出迎えをしたい場合だ。SuicaなどのICカードはあくまで乗車券であって、入場券には使えないので、窓口か自動精算機でいったん精算して入場券を買い直す必要がある。急いでいるとき、混雑しているときは、かなり焦る。

この点を除けば、中間改札は実にあっさりした効率のよい乗車手続きと言えるだろう。改札を複数回通るだけで車内検札がスルーできるのだし、「職質」されるわけでもありませんからね。

4　首都圏の中核駅を考察する

「蒲蒲線」を知っていますか？

2020年の東京オリンピック開催が決まって、今また蒲田駅に注目が集まっている。国際的な大きなイベントの話が持ち上がると、まずは羽田空港のアクセスの問題が浮上し、またぞろ「蒲蒲線」の建設計画の話題も持ち上がってくる、というしくみだ。そもそも蒲田には競技施設がないので、この流れは「風が吹けば桶屋が儲かる」の話に似ていなくもない。

現在、羽田空港にアクセスする鉄道は、東京モノレールか、京急蒲田駅で京急本線から分岐する京急空港線である。空港線は、都営浅草線、京成電鉄、成田スカイアクセスを通じて、成田空港〜羽田空港を直結する役割も担っている。

一方、「蒲蒲線」は、京急蒲田駅から700〜800メートルほど離れている蒲田駅までで止まっている東急多摩川線の路線を延長して、京急羽田線に直通させようという計画だ。2つの蒲田駅をつなげるという意味で、「蒲蒲線」という仮称で呼ばれている。インパクトある名称なので、路線はまだないのに、都市伝説のような人気を呼んでいる。

東急多摩川線は、かつての目蒲線の一部で、多摩川駅で東急東横線、目黒線に連絡している。つまり、ウワサの「蒲蒲線」計画には、多摩川駅の配線を変更すれば、東武東上線、西武池袋線、埼玉高速鉄道、都営地下鉄三田線などから、羽田空港に向けての直通電車を走らせることができるという、壮大な狙いがあるのだ。

計画の難点は、商業施設が密集している2つの蒲田駅の間をいかに結ぶのかということと、京急線（標準軌1435ミリ）と東急線（狭軌1067ミリ）の軌間の違いにある。現在では、かつて京成電鉄が都営浅草線との乗り入れのために行った改軌（51ページ）のような大工事はまずもって不可能だ。

だが、打開策はあるもので、奥羽本線の秋田新幹線併用区間（大曲駅～秋田駅間）や、青函トンネルなどで用いられている三線軌条化（1本のレールを共通使用して、1067ミリ幅と1435ミリ幅のレール2本を敷く方式）も考えられるし、長崎新幹線（九州新幹線西九州ルート＝長崎ルート）で試験が行われたフリーゲージトレイン（軌間可変電車）を用いる方法もある。

となれば、「蒲蒲線」建設の最大のハードルは、現段階では蒲蒲線建設の必要を認めていない、東京都と都知事なのかもしれない。

2つの蒲田駅の過去・現在・未来●蒲田駅・京急蒲田駅

「蒲蒲線」計画はさておいて、蒲田駅も京急蒲田駅も、味わい深い駅である。

蒲田駅は、JR京浜東北線と、東急多摩川線、池上線が乗り入れる乗りかえ駅だ。東海道本線の駅として1904（明治37）年に開業したのが始まりで、10年後には京浜線（現京浜東北線）の電車駅となった。1922（大正11）年に池上電気鉄道（現東急池上線）が乗り入れたが、線形の関係からか、ホームは国鉄線とは直角方向に設けられた。翌年には目黒蒲田電鉄（現東急多摩川線）も蒲田駅に乗り入れた。

1968（昭和43）年に東急2路線の高架化が完成すると、東急線の蒲田駅は5面4線の頭端

東急蒲田駅。右側の１、２番線は池上線。３、４番線は東急多摩川線

式のターミナルとなった。駅の構えはなかなか立派だが、発着する電車は1両の長さが18メートルの3両編成。短い電車がちょこちょこと大きな駅に出入りする姿は、なかなか可愛らしい。

ＪＲ蒲田駅は、2面3線の構造で、駅の南に電車区があり、蒲田駅始発終着電車や、折り返しの電車が多数設定されている。そういえば、京浜東北線の南隣の駅は多摩川を越えた先の川崎駅で、蒲田駅は都県境の駅でもある。だからと言おうか、蒲田駅の始発電車は4時24分発の大宮駅行きで、この出発時刻は23区内の駅で一番早い。東京の朝は、蒲田駅から始まるのだ。

一方、京急蒲田駅の開業は、蒲田駅よりも3年早い1901年。当初は蒲田駅という名だった。地上駅だった時代が長く、京急本線に並行する第一京浜には空港線の踏切があったため、交通渋滞の名所となってい

京急蒲田駅１、３番線ホーム。羽田空港方面は１番線と４番線から出発

た。正月の箱根駅伝で、選手が踏切待ちをしていた光景を思い出す方もいることだろう。

　京急蒲田駅の高架化工事が完成したのは２０１２（平成24）年で、現在は2階に1面3線の上りホーム、3階に同じく1面3線の下りホームが設けられている。ホーム1面に対して線路が3本あるのは、ホームの京急川崎駅寄りが切り欠きホーム（１３５ページ）になっているためで、このホームを利用して、折り返しや追い越しが行われている。

　乗りかえも容易な、よくできた構造だが、羽田空港方面行きの電車は、3階の1番線と2階の4番線の両方から発車するため、乗車列車を変更する場合や、ダイヤが乱れたときなどには、やむを得ず階の違うホームへ移動しなければならないこともある。

　余分な土地など少しもないところに立体的な乗りか

え駅をつくらなければならない場合の、苦心が見える構造である。

新線開通で乗りかえ不便、だけではないその未来●渋谷駅

　ＪＲ山手線、東急東横線、京王井の頭線、そして東京メトロ銀座線と半蔵門線が集まる渋谷駅は、文字通り谷間に設けられた駅である。現状以上の発展は難しそうに思われたなか、２００８（平成20）年に東京メトロ副都心線が明治通りの地下に開業した。副都心線は２０１３年には東横線と連絡して、東武東上線、西武池袋線、横浜高速鉄道との間で相互乗り入れも始まった。総体として見れば非常に便利になったわけだが、意外なところで、変化も生じている。

　東横線の渋谷駅は、以前は地上２階にホームがあり、ＪＲや京王井の頭線、東京メトロ銀座線への乗りかえは１フロア分の上下でできていた。それが、今ではホームがあるのは地下５階。エスカレーターやエレベーターがあるとはいえ、乗りかえに要する時間はずいぶん長くなった。

　私の場合、高井戸駅か浜田山駅から京王井の頭線を利用することが多いのだが、渋谷駅の東横線ホームが時間的にも気持ち的にも遠くなり、生活から「横浜方面」が遠ざかった。というのも、井の頭線の渋谷駅のホームは地上２階、東横線のホームは地下５階。水平移動の距離も相当長い。それでは、渋谷から東横線ではなく湘南新宿ラインで横浜方面に行こうと思っても、やはりホー

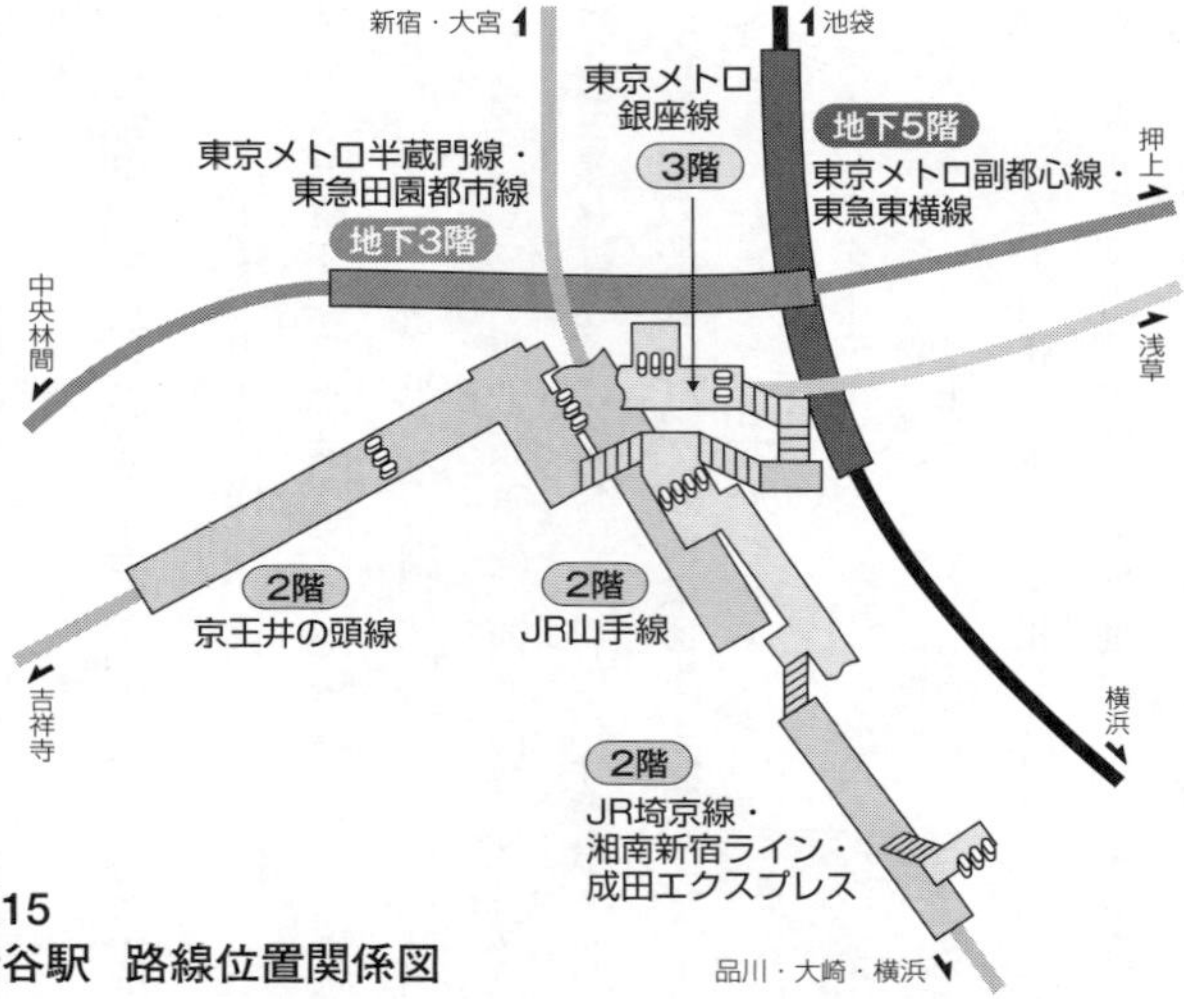

図15
渋谷駅　路線位置関係図

ムは遠く、延々と連絡通路を歩かなければならない。

年寄りめいた愚痴を述べてしまった。駅には人の暮らしに合ったほどよいサイズがあると思うのだが、かといってこの理屈を大都市の中核を担う渋谷駅にそのまま当てはめるわけにはいかない。

今、渋谷駅とその周辺一帯は大改造の真っ最中で、大がかりな開発の途上にあるので、状況も、駅の意味合いも、これからますます変わっていくことだろう。将来計画をまとめておくと、

①東横線ホームの跡地に、埼京線ホームを山手線ホームと並列となる位置まで移動する。

②銀座線ホームを東側に移動し、改札口や連絡階段を刷新。

③山手線と埼京線新ホームの上に広大なコンコースを設け、駅周囲にペデストリアンデッキ（高架などで建物同士をつなぐ、歩行者専用通路）をめぐらせる。

このようになっており、今から10年後の2027年の完成が予定されている。渋谷周辺の壮大な未来図が浮かぶ。

ちなみに、この計画に井の頭線は含まれていない。その頃、井の頭線はどうなっているのだろう？　渋谷と吉祥寺を結ぶ井の頭線は総延長12・7キロで、駅間距離も短いコンパクトな路線なので、近未来において、巨大な渋谷駅とどんな形でつながることになるのか想像しにくいのだ。

いや、変化はもう訪れている。井の頭線の下北沢駅乗りかえも、小田急線のホームが地中深くに潜ってしまった。歩くこと、電車に乗ることが趣味の私でさえ、移動を気重に感じることがある。都市圏の駅が負っている責務は非常に大きなものなので、いたずらに改造に異を唱えるつもりはないが、乗りかえがしやすいコンパクトな駅や路線が減りつつあることは惜しまれる。

乗りかえに10分？　直通運転で壮大な乗りかえ駅に●武蔵小杉駅

伊豆急下田駅、前橋駅、鹿島神宮駅。それぞれ、首都圏の南、北、東の外れに近い駅だが、これらの各駅に共通することは何か？　答えは「武蔵小杉駅から乗りかえなしで到達することができる、最も遠い駅」である。

武蔵小杉駅は、長らくJR南武線と東急東横線の乗りかえ駅だった。ここ数年で、JR横須賀線、湘南新宿ラインの駅が設けられたこと、それから、東急目黒線が乗り入れて東横線と目黒線が多数の路線との相互乗り入れを始めたことで、武蔵小杉駅から乗りかえることなく行ける駅が膨大になっている。そこで、武蔵小杉駅を経由している路線とその終着駅を、3つのグループに分けてみた。

【グループA…湘南新宿ライン・横須賀線武蔵小杉駅（以下同）から乗りかえなしで行ける路線】

JR東海道本線の熱海駅〜伊東線〜伊豆急行線伊豆急下田駅（小田原以西は土・休日のみ）
JR横須賀線久里浜駅
JR湘南新宿ライン〜JR東北本線宇都宮駅
JR両毛線前橋駅
JR総武本線成東駅
JR成田線成田空港駅と香取駅
JR鹿島線の鹿島神宮駅
JR内房線君津駅

JR外房線上総一ノ宮駅

【グループB…南武線から乗りかえなしで行ける路線】

浜川崎支線を除くJR南武線全駅

【グループC…東急線から乗りかえなしで行ける路線】

横浜高速鉄道みなとみらい線元町・中華街駅

西武池袋線飯能駅

東武東上線森林公園駅

埼玉高速鉄道浦和美園駅

都営地下鉄三田線西高島平駅

これらA、B、C各グループの駅から駅へも、武蔵小杉駅での1回の乗りかえだけでアクセスできる駅同士ということになる。

このように、武蔵小杉駅は壮大な乗りかえ駅になったわけだが、武蔵小杉駅での乗りかえについては、よくよく考える必要がある。たとえば、小江戸川越から古都鎌倉へ向かう場合、東武東上線川越駅から武蔵小杉駅乗りかえで横須賀線鎌倉駅に向かうよりは、渋谷駅か横浜駅で横須賀

上／横須賀線武蔵小杉駅改札口付近の乗りかえ案内

右／横須賀線武蔵小杉駅と東横線武蔵小杉駅を結ぶ道

線に乗りかえたほうが多少はラクだ。いや、一番よい方法は、池袋駅で湘南新宿ラインに乗りかえることだろう。

というのは、湘南新宿ライン&横須賀線の武蔵小杉駅と、南武線や東急線の武蔵小杉駅が、かなり離れているからだ。湘南新宿ライン&横須賀線と南武線は改札内で連絡しているが、ホームからホームまでは、最短で500メートルはある。湘南新宿ライン&横須賀線と東急線との乗りかえとなると、一度改札口を出て、高層マンション群の間を10分近く歩かなければならない。しかも途中には、信号が2カ所もある(これ、乗りかえというのだろうか。さらに言うなら、横須賀線の改札口から東に向かって200メートルほど歩くと、南武線の隣駅、向河原駅に着いてしまう）。

整理してみると、BとCの乗りかえの場合は、ゆっくり歩いても5分ほどで乗りかえ可能、AとB、AとCとの乗りかえは、避けたほうがよさそうだ。

究極の乗りかえ駅、武蔵小杉駅を無駄なく使いこなすためには、武蔵小杉駅で乗りかえるのではなく、武蔵小杉駅前のマンションの住民にでもなって、武蔵小杉から各方面へ向かうのが一番、というのが私の結論である。

5　同じホームで乗りかえるための工夫

最もラクな乗りかえは、やはり同一ホームでの乗りかえだ。下車したホームの向かい側の列車に乗りかえる「対面乗りかえ」や、同じホームで次に来た列車に乗車する乗りかえがラクなことは言うまでもない。また、切り欠きホーム（135ページ）の乗りかえのように、同じホームを少しだけ移動して乗りかえる例もある。JR予讃線松山駅では、1番線ホームの前後に特急「いしづち」や「しおかぜ」と「宇和海」とが同時に停車して相互に乗りかえが行えるよう、配線とダイヤが工夫されている。これなら、階段やエスカレーターを上り下りして別のホームに移動することもないし、乗り間違いの可能性も少ない。バリアフリーの観点からも、望ましい方法だ。

気持ちのいい例をもう一つ。九州新幹線の新八代駅〜鹿児島中央駅間が先行開業していた期間、新八代駅では、博多駅発の新幹線連絡特急「リレーつばめ」と新幹線「つばめ」の連絡を行っていた。このときは、同一ホームの片側に「リレーつばめ」、もう片側に「つばめ」が、同じ号車同士が並ぶようにして停車していた（何とはなく可愛らしい図に思える）。

また、「リレーつばめ」と「つばめ」の指定席特急券を同時に購入すると、両方の列車で同じ号車、席番が発券されるシステムになっていたので、「リレーつばめ」を降りた乗客は、ホームをまっすぐ横切って、「つばめ」の同じ号車に乗り込むだけでよかった。

このシステム、乗客に好評だったばかりでなく、乗りかえ時間の短縮にも大いに役立っていたようで、「リレーつばめ」の到着から「つばめ」の発車まで、連絡時間はわずか3分だった。

このように、スムーズな乗りかえのために、駅の構造や構内の配線、列車ダイヤなどを独自に工夫している例は各地で多数見られる。

配慮にあふれたラクラク乗りかえ駅●伊勢中川駅

近鉄の伊勢中川駅はすばらしい。先に駅の性格と構造を説明すると、この駅で名古屋方面、京

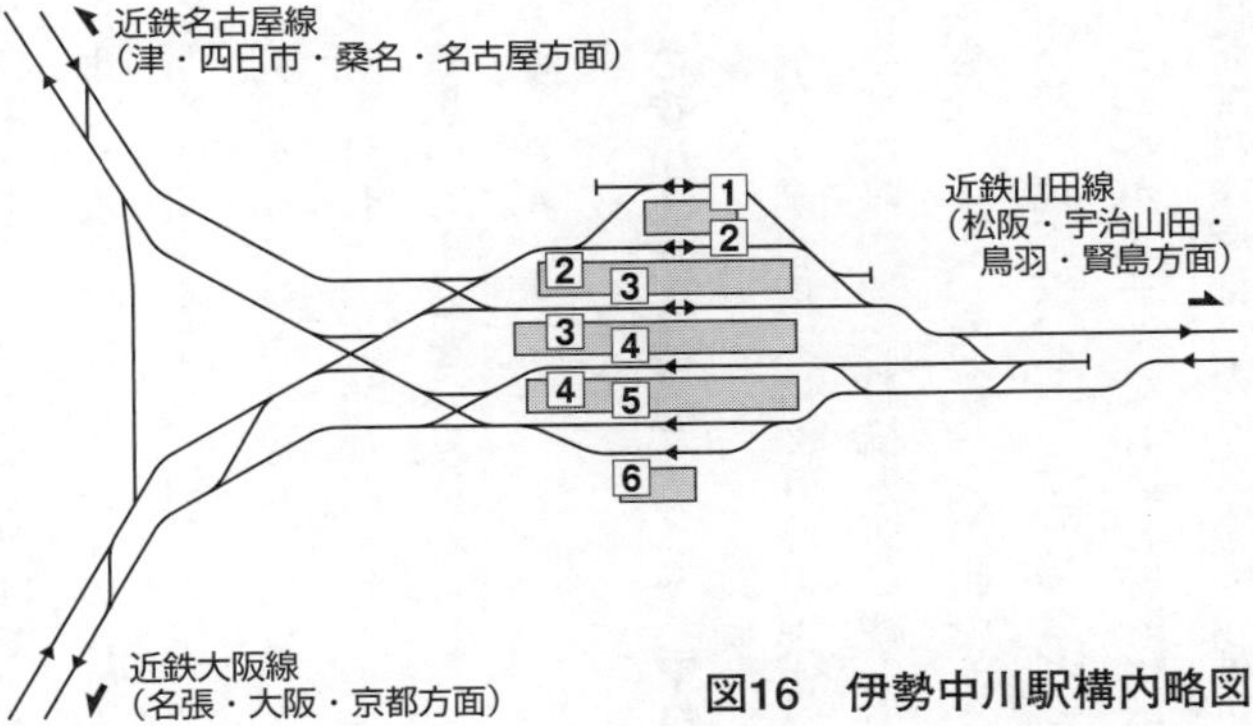

図16　伊勢中川駅構内略図

都・大阪方面、伊勢志摩方面の3方向の幹線が合流していて、伊勢中川駅は地方駅ながら、ちょっとしたターミナルとなっている。ホームは5面6線で、2、3、4番線は両側にホームがある形になっていて、基本的には特急や急行は3、4番線を、各停はその他の番線を使うようになっている。

で、何がすばらしいかというと、伊勢中川駅では乗りかえが非常にラクなのだ。この駅では、各方面行きの列車がなるべく同時発着するようにダイヤが組まれており、3～4番線に到着した列車は、停車中は両側のドアを開放している。つまり、左右どちら側のホームも利用でき、停車中の車両を通路代わりにして、別のホームに移動できるようになっているのである。

たとえば、大阪難波駅発賢島駅行きの特急で到着した乗客が名古屋行きの特急に乗りかえる場合にも、名古屋駅方面からの乗客が京都駅行きの特急に乗りかえる場合にも、ホームと列車内をちょっと歩くだけで、乗りかえができるのだ。また、2番線と4番線に列車が到着するような場合には、3番線に各停を停車させて両側のドアを開放し、2番線から4番線への移動をしやすくするなど、細やかなやりくりもされている。

列車の中を通り抜けられれば、ホームからホームへの移動は格段にラクになる。階段を上る必要もなければ、連絡通路を延々歩く必要もない。でも、両側のドアを開放するのは、秋冬の北国では思いもよらない方法かもしれない。さすが気候温暖な伊勢路だと、感心することしきりの乗りかえ駅だ。

わずか3面2線のマンモス乗りかえ駅●名鉄名古屋駅

名鉄の名古屋駅は200万都市名古屋のターミナル駅だ。特急「ミュースカイ」がアクセスする中部国際空港、豊橋方面、岐阜方面、犬山方面など、6方向に向かう列車が1日あたり800本も発着する、名鉄最大の駅である。JRの新幹線や東海道本線、中央本線、関西本線、近鉄名古屋線、地下鉄、あおなみ線などとの巨大な乗りかえ駅にもなっている。

ところが、そんな名鉄名古屋駅のホームと番線は、わずか3面2線しかない。ここに、多い時間帯では1時間あたり30本もの列車が発着しているのである。

図17　名鉄名古屋駅構内図

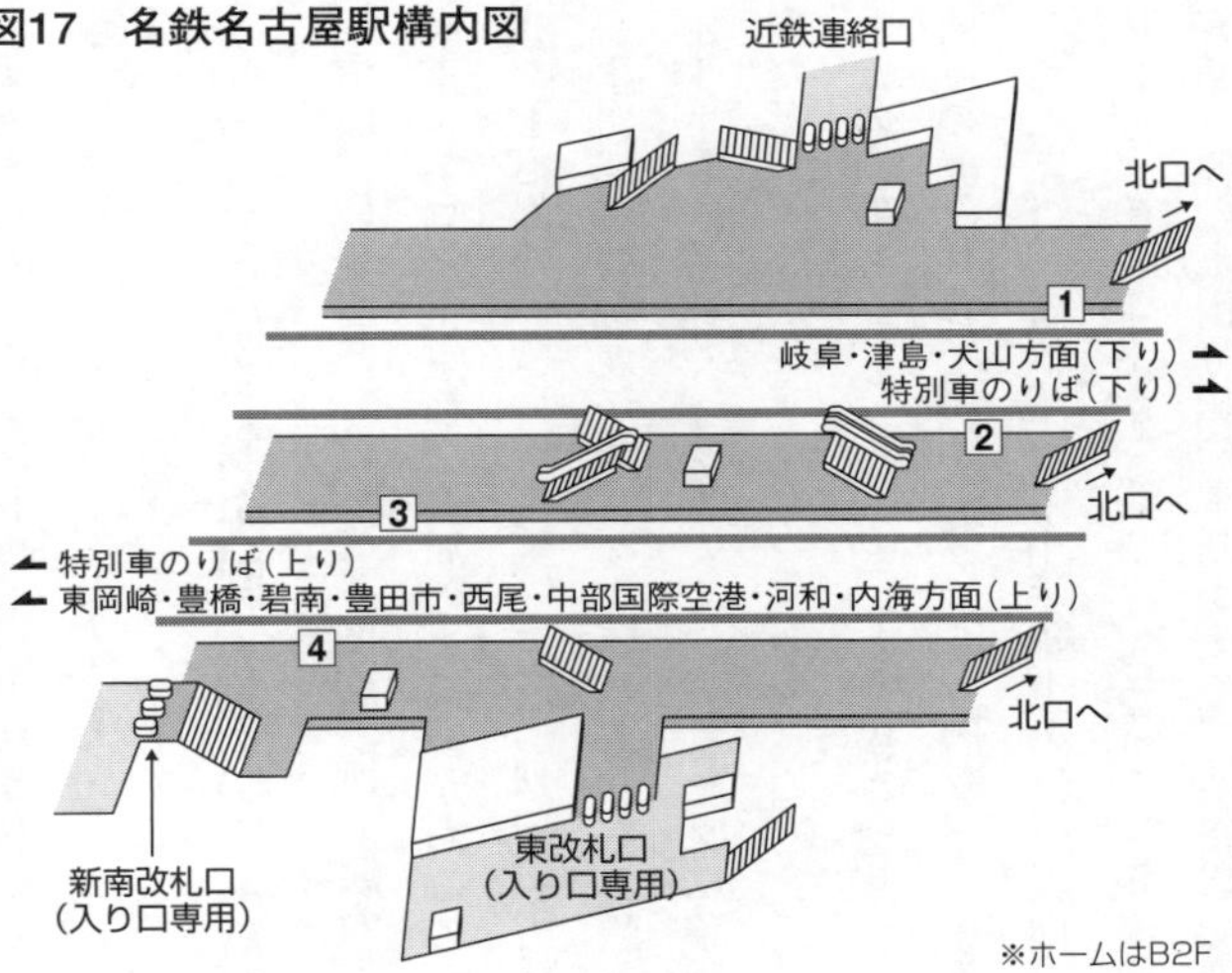

3面2線とは、3面のホームの間に上下各1線の線路が挟まれている独特な構造で、真ん中の島式ホームは、降車と「ミュースカイ」や快速特急などの「特別車」の乗降に、両側のホームは各停などの乗車用に振り分けられている。

驚くべき効率のよさだが、さすがにラッシュ時の乗客をさばくためには一般的な整列乗車では間に合わないのだろう、列車の行き先別に停車位置を変えて、停車位置に合わせて乗客の乗車位置も変える、といった工夫がされている。乗車口を色や番号で示すなど、乗車案内もつぶさに行われている。

ひっきりなしに発着する列車、ホームにあふれかえる乗客。実際にラッシュ時の名鉄名古屋駅(の端っこ)で列車と人の動きを眺めていると、コマ落としのサイレント映画か、パラパラマンガのようなバタバタ感を感じる。その速さ、忙しさ、無駄のなさ。日本じゃなければ、こうは上手くいかないだろうなと、つくづく感心してしまう。

40センチに阻まれて大回りしていた「バカの壁」●九段下駅

では、最難関とも言うべき東京の地下鉄の乗りかえはどうなっているのか。東京の地下鉄には、東京メトロと東京都交通局の2系統があるのだが、料金体系が別々だし、路線図や案内表示の様式なども異なっているので、正直、使い勝手はあまりよろしくない。

また、路線密度が非常に高いため、ある駅とある駅を結ぶルートが複数あることが多く、どのルートが一番速く、一番安く、一番ラクに移動できるかということを判断するのは、けっこう大変だ。選択肢が多すぎるのである。

その中でも、「ラクに」という要素を判断するのは、乗りかえ駅の階段の有無、連絡通路の長さ、列車の混み具合、運転本数なども関わってくるので、かなり難しい。

たとえば、新橋駅から山手線上のほぼ真向かいにある池袋駅まで、地下鉄だけを利用して行く場合、どのルートが一番ラクだろう？　銀座線の銀座駅で丸ノ内線に乗りかえる、赤坂見附駅で有楽町線の永田町駅に乗りかえる、渋谷駅で副都心線に乗りかえるというルートはすぐに思い浮

九段下駅。左が半蔵門線で右が新宿線。以前は間に厚さ40cmの壁があった

かぶが、では、どのルートが一番ラクか、となるとわからない。どの駅の乗りかえも、水平方向や垂直方向に一定程度の移動があるからで、結局、山手線で半周回って行こう、となってしまう。

しかし、とかく面倒な地下鉄の乗りかえでも、同一ホームで乗りかえができる場合もある。たとえば、丸ノ内線の中野坂上駅では、新宿方面、荻窪方面のどちらからでも、同一ホームで方南町方面への乗りかえができる。赤坂見附駅の銀座線と丸ノ内線、表参道駅の銀座線と半蔵門線の乗りかえも同じホームでできる。

それから、九段下駅の東京メトロ半蔵門線の押上方面と都営新宿線の新宿方面も同一ホームで乗りかえができるが、ここはいわくつきのホーム。つい最近まで、ホームは厚さ40センチの壁で隔てられていて、両線の乗りかえをするには階段昇降をして、改札口を通り直さなければならず、とんだ大回りをさせられていた。東京都の副都知事だった猪瀬直樹氏が視察して、「バカの壁」と呼んだのを覚えておられる方も多いだろう。90メートルもの長さの壁は2013（平成25）年になってようやく取り払われたが、撤去には12億円もかかったそうだ。

6 坂でもないのにスイッチバック

スイッチバックは、急坂を上り下りするための方法としてよく知られている。列車は何度も折り返し運転を繰り返して、ジグザグジグザグ坂を進む。

よく知られているのが、箱根登山鉄道のスイッチバック。極端な例では、富山地方鉄道立山駅の隣から延びている立山砂防工事専用軌道のスイッチバック。この軌道には、18キロの間に8カ所38段ものスイッチバック（の設備）があり、スイッチバックが18段連続している箇所もある。工事用軌道なので、通常乗車はできないのだが、年に数回開かれる砂防工事見学の「砂防体験学習会」に参加すれば、究極のスイッチバック体験が可能だ。

急坂を克服するために設けられたスイッチバック駅としては、3段式スイッチバックの木次線出雲坂根駅や、豊肥本線の立野駅、日本三大車窓の一つとされる篠ノ井線の姨捨駅、ループ線の途中にスイッチバックがある肥薩線大畑駅、秘境駅として知られる土讃線の坪尻駅などがよく知られている。

一方、平たい土地にもスイッチバック駅があって、「坂でもないのにスイッチバック」などと語られることがある。平地のスイッチバック駅には、市街地の中心近くに駅を設けるために生まれた西武池袋線飯能駅や、江ノ電との並走を避けるために生まれた小田急江ノ島線藤沢駅などの例もあるが、実は、かつては乗りかえ駅だった、乗りかえ駅になる予定だったがならなかった、別会社の路線の乗りかえ駅だったが今は違う、などなど、「乗りかえ駅」の事情からスイッチバック駅になった例がいくつもある。

札幌駅～網走駅間、運転経路はこう変わった●遠軽駅

北海道石北本線の遠軽駅では、旭川方面へ向かう列車も、網走方面へ向かう列車も同じ方向へ、つまり南向きに出発する。これはなぜか。ちょっと、いや、かなり気になる事例である。

歴史を見てみると、網走方面を目指す路線は、１９１０（明治43）年の網走線池田駅～陸別（旧淕別）駅の開業を皮切りに、翌年は野付牛駅（現北見駅）まで、翌々年に網走駅（初代、のちの浜網走駅で廃駅）まで開通して、網走本線と名付けられている。

図18　遠軽駅周辺路線変遷図

また、1912（大正元）年に開業した野付牛駅～留辺蘂《るべしべ》駅間（湧別軽便線）は、1916年には遠軽駅を経て中湧別駅まで延長されている。またまた、1919年には、宗谷本線の名寄駅からオホーツク海に向かう路線の建設が始まっており、1921年には、名寄駅～紋別駅～遠軽駅（旧名寄本線）を経て野付牛に至る路線が開通している。

1932（昭和7）年に、北見峠を抜ける石北トンネル（4329メートル）が開通して、現在の石北本線が全通。これが札幌や旭川方面から網走方面へ向かうメインルートになった。

わかりやすく言うと、湧別軽便線時代に誕生した遠軽駅にニューフェイスの石北本線が南側から連絡することになり、遠軽駅は、名寄線と石北線の分岐駅になると同時に、石北線の網走方面へは遠軽から折り返し運転が行われることになった。しかし、1989（平成元）年に名寄本線が廃止されてしまい、遠軽は石北本線のスイッチバック駅として残った。遠軽のスイッチバックは、北海道の鉄道の歴史を語っているのである。

ちなみに、遠軽という地名は、アイヌ語の「インカルシ」（眺める場所という意味）が転じたものだという。インカルシでスイッチバック……なぜか深々納得してしまう。

青森縣三戸ヨリ秋田縣毛馬内ヲ經テ花輪ニ至ル鐵道●十和田南駅

秋田県鹿角市の中心で、十和田湖の南のゲートウェイでもあるJR花輪線の十和田南駅も、「坂でもないのにスイッチバック」駅としてよく知られている。

十和田南駅に到着する列車は、すべて南側から到着し、すべて南に向かって出発する。しかし、線路は駅の北端で終わっているのではなく、北へ向かって続いていて、その先にも軌道が続いていたかのような築堤が延びている。

十和田南駅は、秋田鉄道の毛真内駅として、1920（大正9）年に開業した。2年後の1922年に制定された改正鉄道敷設法には、「青森縣三戸ヨリ秋田縣毛馬内ヲ經テ花輪ニ至ル鐵道」

という記載がある。この計画どおりに路線が延びていれば、毛馬内駅、つまり現在の十和田南駅は、三戸駅方面、花輪駅（現鹿角花輪駅）方面、大館駅方面との乗りかえ駅になっていた。

草むす築堤は、三戸方面への路線工事が行われた名残なのである。こうして、十和田南駅は幻の乗りかえ駅となり、「坂でもないのにスイッチバック」駅となった。

首都圏通勤路線のスイッチバック駅●柏駅（東武アーバンパークライン）

首都圏の通勤路線にも、平地のスイッチバック駅がある。JR常磐線との乗りかえ駅になっている東武野田線・愛称名東武アーバンパークラインの柏駅だ。

東武野田線の柏駅は頭端式（140ページ）の終着駅になっていて、大宮方面行きも船橋方面行きも、列車は南西に向かって出発する。この構造には、野田線建設にまつわる入り組んだ歴史が絡んでいる。

東武野田線の最初の開通区間は、千葉県営軽便鉄道が敷設した野田町駅（現野田市駅）〜柏駅間。1911（明治44）年のことだった。これは、野田の醤油醸造業者が醤油の出荷を利根川の舟運から鉄道輸送に切り替えるべく千葉県に請願したのを受けてのことで、千葉県営軽便鉄道の柏駅は常磐線柏駅の西側に設けられた。

1923（大正12）年には、北総鉄道（現北総鉄道とは無関係）が船橋駅〜柏駅間を開通させて、常磐線の東側に北総鉄道柏駅を設置した。北総鉄道は千葉県営軽便鉄道の払い下げを受け、1929（昭和4）年には路線を大宮まで延長。社名も総武鉄道とした。このとき、船橋からの路線を常磐線をまたいだ西側に移設し、野田からの路線と駅も統合された。しかし、両線とも南側から進入する形だったため、柏駅はスイッチバック方式になった。1944年には東武鉄道と総武鉄道が合併、その後、大宮駅〜柏駅〜船橋駅間の全線が東武野田線となった。東武野田線柏駅と同様の例は、岐阜県にある名鉄の広見線新可児駅などにも見ることができる。

7　実は〝孤独〟な乗りかえ駅

乗りかえ駅と聞けば、何本もの路線が乗り入れる大きな駅や、巨大な新幹線駅などを思い浮かべてしまうが、接続路線などないように見える小さな駅が乗りかえ駅になっていることもある。徒歩連絡以外の乗りかえ駅を持たない、つまり、実際には他の路線と連絡していない、概念だけの乗りかえ駅も存在する。また、乗りかえ駅として生まれたはずなのに、乗りかえに利用されない駅もある。

新幹線駅には単独駅が実は13駅もある〈新幹線と乗りかえ駅②〉

新幹線の駅と言うと、並行在来線との交点に駅が設けられ、連絡が行われているというイメージだが、そうとばかりも言いきれない。

実は、新幹線の各駅の中で乗りかえ路線がない単独駅は、13駅もある。

●東北新幹線（4駅）…白石蔵王駅、くりこま高原駅、水沢江刺駅、七戸十和田駅
●上越新幹線（2駅）…本庄早稲田駅、上毛高原駅
●北陸新幹線（1駅）…安中榛名駅
●東海道新幹線（1駅）…新富士駅
●山陽新幹線（3駅）…新尾道駅、東広島駅、新岩国駅
●九州新幹線（2駅）…新大牟田駅、新玉名駅

これらの駅は、路線バスで最寄りの在来線や私鉄の駅、あるいは近隣の市街地と結ばれている、意外に孤独な駅である。七戸十和田駅、本庄早稲田駅、新大牟田駅、新玉名駅の4駅は、乗りかえ路線がないだけでなく、『JR時刻表』の「新幹線からの乗り換え案内」にも案内がない。

13駅の中では唯一、新岩国駅だけは同ページで鉄道との乗りかえが案内されており、岩国駅との間を結ぶ連絡バスもある。記述は「錦川鉄道（清流新岩国駅）…10分」。実際、新岩国駅から新幹線の高架に沿って歩けば、10分以内に清流新岩国駅に到達できるのだが、あくまでも「最寄駅」であって、乗りかえ駅とは定められていない。

錦川鉄道は１９８７（昭和62）年7月25日にＪＲ西日本の岩日線から第三セクターに転換された路線で、清流新岩国駅は、２０１３（平成25）年3月までは御庄駅という名称だった。新岩国駅への連絡駅であることが見て取れる改称だが、ダイヤ自体は新幹線と連絡するようには設定されていない。

なぜこのようなことになったのか。山陽新幹線開業時、岩日線はすでに赤字ローカル線だったため（それゆえ、のちに三セクに転換された）、消えゆく路線上にあった御庄駅を、改築したり、新たな連絡通路を設けたりして、乗りかえ駅にすることはかなわなかったのだろう。

乗りかえ路線はできたものの●岐阜羽島駅〈新幹線と乗りかえ駅③〉

１９６４（昭和39）年の東海道新幹線開業時に設けられた12駅の中では、唯一の単独駅が岐阜羽島駅だった。駅が設置された場所は東海道本線から遠く離れた木曽川と長良川に挟まれた純農村地帯で、一面に広がる水田を一直線に貫くようにつくられた高架線上に、ぽつりと寂しげな駅がたたずんでいた。超特急「ひかり」は停車せず、乗降客数も、新幹線駅の中ではダントツの少なさだった。

この駅に関しては、新幹線の停車駅が発表されたときから、「なぜここに?」という声がかまびすしかった。当時、岐阜県選出代議士で自民党の重鎮だった大野伴睦氏がこの地に強引に駅を引っ張ってきたという噂が絶えず、今でも「岐阜羽島駅は政治駅」と言われることがあるが、実情は異なる。

当時の国鉄は、新幹線が通過する各都府県に、最低一つの駅を設けると発表していた。運行を司る現場からは、ダイヤを構成するうえで、名古屋駅と米原駅の間に待避線がある駅が必要だという意見があった。一方、地元岐阜県側では、「県内に駅を新設するなら、東海道本線や高山本線の乗りかえ駅となっている県都の岐阜駅に併設したい」旨の要望を政府や国鉄に提出していた。

しかし、東海道新幹線を、岐阜市を通るように東海道本線に沿って建設すると遠回りになってしまい、新幹線本来の目的である速達性が損なわれるため、国鉄側はこれに反対。岐阜県側は、岐阜市に新幹線駅ができないのなら、新幹線が岐阜県内を通ることを拒否するとして、事態は大紛糾した。

このおりに、国鉄と岐阜県の間に立って折衝を行い、事態の収拾に努めたのが大野伴睦だった。結果、東海道新幹線は岐阜県内を通り、羽島市に新駅が設けられることになった。前後の経緯や国鉄と県双方の要望を見比べると、両者が折れ合い、妥協点を見いだした結果が、岐阜羽島駅であったように読める。

開業後長らく単独駅だった岐阜羽島駅が乗りかえ駅となったのは１９８２年のことで、この年、名鉄竹鼻線の江吉良駅から羽島新線（現羽島線）１・３キロが開業し、岐阜羽島駅に隣接して名鉄の新羽島駅が設けられた。現在では駅周辺に市街地が形成されて、「ひかり」の一部も停車するようになったが、乗りかえ駅としての岐阜羽島駅は、十分に機能しているとは言いがたい。

と言うのは、人口約40万人で県下最大の都市、岐阜市の人々が東海道新幹線を利用する場合、岐阜駅から30分前後かかる岐阜羽島駅はほとんど使わないからだ。ＪＲの新快速で約20分、「のぞみ」をはじめとする新幹線の全列車が停車する名古屋駅を利用することが多いようだ。

「大阪駅には停まりませんので、ご注意ください」●大阪駅

西の大御所、ＪＲ大阪駅は、言うまでもなく西日本最大の乗りかえ駅だ。東海道本線、福知山線、大阪環状線を経由して関西空港（関空快速）や和歌山方面（紀州路快速）、奈良方面（大和路

快速）に向かう列車……。これらJR各列車が発着するホームだけでも6面11線ある。他に、JR東西線北新地駅、阪急電鉄、阪神電鉄、大阪市営地下鉄の御堂筋線、四つ橋線など、多数の路線が接続している。

ところが、「大都市の小さな孤独」とでも言おうか、こんなにも重要で人気者の大阪駅を無視して走っている列車があるのだ（過去にも特急「あさかぜ」や「はやぶさ」など、東京駅発着の九州行きブルートレインが大阪駅を素通りしていたことがあるにはあったのだが、それらは深夜時間帯のことだった）。

異色の列車は、京都駅方面からやってくる関空アクセス特急「はるか」、それから南紀白浜や新宮を目指す特急「くろしお」。これは大阪駅周辺の配線事情によるもので、大阪駅を通って東海道本線から大阪環状線に入ることができないためだ。

新大阪を経て大阪環状線に向かう「はるか」や「くろしお」は、淀川の鉄橋を渡るとすぐに東海道本線から右手に分岐する路線に入る。この路線は梅田貨物線（204ページ）と呼ばれる東海道本線の貨物支線で、大阪駅北側の梅田貨物駅跡地（再開発事業が進行中）の横を通り、大阪ステーションシティの高層ビルを間近に眺めつつ東海道本線をくぐり、福島駅付近で大阪環状線に合流して天王寺駅を目指す。というわけで、新大阪の次には天王寺駅か西九条駅に停車する。

近年インバウンド利用も増えている特急「くろしお」（287系）

特急電車で関空や南紀に向かうとき、うっかり大阪駅には行かないよう、くれぐれもご注意を。

ホーム1面1線――寂しい乗りかえ駅●向井原駅

駅の構内配線で最もシンプルなのは、片面ホーム1面に線路が1線という形だ。この形は見た目の様子から「棒線駅」と呼ばれることもある。2本以上の路線が乗り入れる乗りかえ駅には似合わない配線だが、「棒線駅」の乗りかえ駅も存在する。調べた限りでは、JRでは全国でただ一つ。JR四国予讃線の向井原駅である。

1963（昭和38）年に開業した向井原駅は、1986年に内子方面へ向かう予讃線新線が開業したときに高架化され、旧線との乗りかえ駅になったのだが、駅構造はホーム1面、線路1本のままである。これはどういうことか?

答えは単純で、八幡浜方面への予讃線旧線と新線の分岐点は、向井原駅の南100メートルほどの地点に設けられており、松山方面へ向かう列車も、八幡浜方面や内子方面へ向かう列車も、すべて1本の路線上を右へ左へと走り抜けていくのである。

1面2線、つまり、島式ホームの両側に線路があるという、棒線駅に次いでシンプルな構造の乗りかえ駅もある。これも乗りかえ駅としては珍しい配線で、根室本線と釧網本線の乗りかえ駅の東釧路駅、芸備線と福塩線の乗りかえ駅の塩町駅、小野田線の乗りかえ駅の雀田駅、予讃線と予土線の乗りかえ駅の北宇和島駅などの例が挙げられる。

高徳線と徳島線の乗りかえ駅、佐古駅の配線も珍しい。この駅の構内も1面2線なのだが、徳島駅に向かって2本の路線が並行して延びており、一見、複線区間のようだ。これは高徳線の単線と徳島線の単線が並んでいるという扱いになっている。

JR九州の田吉駅にも注目だ。1面2線の乗りかえ駅であるこの駅は、宮崎空港線が開通した1996(平成8)年に、日南線との分岐点に開業した。初代の田吉駅は宮崎交通の駅として1913(大正2)年に開業して、のちに国鉄日南線の駅となったが、利用客が少ないという理由で、1971年に廃止されている。3代目となる現在の田吉駅も、1日あたりの乗降客数が40人にも満たない無人駅なのだが、特急「海幸山幸」や（その他の特急は通過）、快速「日南マリーン号」が停車する。無人駅の乗りかえ駅もあるのである。

乗りかえ路線がない鉄道？●静岡鉄道

「鉄道網」や「路線網」という言葉が表すとおり、鉄道は単独の路線だけで運行しているよりも、複数の路線が連絡すればするほど機能性が高まり、基本的には便利になる。

たとえば、１９７８（昭和53）年に京都市電が廃止された後、叡山電鉄は連絡路線を持たない単独路線だったが、１９８９（平成元）年に京阪電鉄の鴨東線が開業して、孤立状態から抜け出すことができた（２０７ページ）。鴨東線と連絡したことで、叡電の乗客数は単独路線時代の２倍に増えたという。

では、単独で運行が行われている、すなわち乗りかえ路線がないローカル私鉄や、隣接する乗りかえ駅がなく、最寄り駅と徒歩連絡をするしかないローカル私鉄は、全国にどのくらいあるのだろうか。これがけっこうあるんですね、路線図を見てみると。

北陸鉄道浅野川線の北鉄金沢駅はＪＲ金沢駅東口の広場を挟んだ北東側に、同じ北陸鉄道石川線の新西金沢駅はＪＲ西金沢駅東口の外れにあって、乗りかえはともに改札口の外に出てから、徒歩3、4分かかる。いわゆる徒歩連絡の典型である。

三岐鉄道北勢線の西桑名駅は、JR関西本線、近鉄名古屋線、養老鉄道の乗りかえ駅となっている桑名駅から、約300メートルのところにある。1分80メートルの早足で4分ほど、ゆっくりめなら5分ほど歩かなければならない。「改札を出てから徒歩5分」を「乗りかえ」と言ってよいのかどうか……。

新静岡駅と新清水駅を結ぶ静岡鉄道静岡清水線も、乗りかえ路線がないように見える路線の一つだ。路線名や起終点の駅名からそれとなくわかるとおり、ほぼJR東海道本線に沿って走っている路線なのだが、新静岡駅からJR静岡駅までは500メートルほど離れていて、徒歩で7、8分はかかる。新清水駅とJR清水駅の間はさらに離れていて、歩く場合、10分は見ておかなければならない。1962（昭和37）年までは、静岡鉄道の路面電車静岡市内線が新静岡駅と国鉄静岡駅との間を、1974年（同年に休止、翌年に廃止）までは、同じく路面電車の清水市内線が新清水駅と国鉄清水駅との間を結んでいたのだが、今、JR駅に乗りかえようと思ったら、バスに乗るか、タクシーを使うか、歩くしかない。

では、静岡鉄道沿線の人はJR東海道本線に乗りかえるときにどうしているかというと、途中の草薙駅を利用しているようだ。静岡鉄道の草薙駅とJR草薙駅との間は、いったん改札口は出なければならないが、駅前商店街の間を通って約100メートル、歩いてわずか2、3分だ。地元の人はよくわかっているんですよね……。

静岡鉄道草薙駅の開業は1908（明治41）年で、1926（大正15）年に開業した東海道本線の草薙駅より18年も早かった。他県人はついつい、乗りかえ駅もない、静岡鉄道のような鉄道は不便では、と思ってしまうものだが、静岡鉄道の存在意義はJR線との連絡にあるのではなく、地元市民の通勤通学や通院、買い物などのためにあるのであって、生活に必須のインフラストラクチャーそのものなのだ。そのため、路線も運行状況も地域の利用者のために特化されている。

東海道本線の静岡駅～清水駅間には東静岡駅と草薙駅の2駅しかないが、静岡鉄道の新静岡駅～新清水駅間11キロの間には、13もの駅がある。ほとんどの駅間距離は1キロ以下で、桜橋駅～入江岡駅間はわずか0・3キロ、300メートルほどしか離れていない。駅間距離の最長区間は狐ヶ崎駅～桜橋駅間の1・7キロで、この区間には新駅建設の計画がある。また、平日朝7時台に新静岡駅を出発する電車は15本もある。平均して4分に1本走っている計算で、これは多い！短い駅間距離と高密度運転のおかげで、沿線住民は歩かず、待たず、気軽に電車を利用できるようになっているのだ。

実は、「ちびまる子ちゃん」にたまに（お母さんとまるちゃんがデパートに買い物に行ったりするときに）登場する電車が、この静岡鉄道だ。まるちゃんと、クラスメートのたまちゃんが２人だけで乗車しても安心な、便利な鉄道で、２０１６年春には新型車両Ａ３０００形の導入も始まる。

路線図上では孤独に見えても、乗りかえ駅がなくても、こんな路線もある。いや、まるちゃんなら、「静鉄の乗りかえ駅は草薙駅だよ！」と言うかな。

Column 乗りかえ駅　ＪＲ時刻表編集部に聞きました【2】

Q　ＪＲ時刻表編集部推薦、東日本の面白乗りかえ駅を教えてください。

A

●所沢駅（西武池袋線⇔西武新宿線）

池袋方面⇔西武新宿方面が同一ホームで乗りかえられるが、池袋行き、西武新宿行きの列車は逆方向に出発する。どちらも東京方面なので、方向感覚が狂う。

●新秋津駅
（JR 武蔵野線）⇔秋津駅（西武池袋線）

乗りかえ駅に指定されているが、双方を乗り継ぐには、いったん駅を出て商店街の中を約400メートル歩かなければならない。経路上には多数の商店があるが、商店は武蔵野線開業後に乗りかえ客をターゲットに形成されてきたものであり、新秋津駅と秋津駅を直接つなぐ連絡通路の建設は実現が難しいといわれている。

●空港第2ビル駅
（JR 成田線・京成本線）⇔東成田駅（京成東成田線・芝山鉄道）

乗りかえる意味はまったくないけれど、乗りかえることもできる駅。乗りかえるためには、長さ500メートルの地下通路を延々と歩かなければならない。ほとんど誰も歩いておらず、途中で折れ曲がっていて先も見えないため、歩いているとだんだん不安になってくる。通路を歩いているだけで警備員さんにマークされてしまうこともある。

●蔵前駅（都営浅草線⇔都営大江戸線）

別々の鉄道事業者であれば珍しくないが、同じ事業者の路線なのに、乗りかえで地上の公道を歩かされる駅。浅草に行くためにここで大江戸線から乗りかえるくらいなら、普通に歩いたほうが駒形橋のたもとまでは早く着くことも。

●小山駅（JR東北本線・JR水戸線⇔JR両毛線）

乗り入れる在来線3線のうち、両毛線のホームだけが微妙に離れている。「両毛線から東北本線の列車まで乗りかえ時間は3分か。余裕だな」なんて甘く考えていると泣きを見る。

8 地方中心都市の乗りかえ駅はどうなっている?

都道府県庁所在地や政令指定都市の中心駅ともなれば、多数の路線が集まった巨大ターミナルであるのが相場というものだ。実際、東京駅や横浜駅にはJR、私鉄、地下鉄の路線がこれでもかというほど集まっているのだが、全国を見渡せば、「そうではない」中心駅も多数ある。

「そうではない」には、いくつかのパターンがある。たとえば、駅は巨大だが、乗りかえ路線がないという場合。大都市の中心駅がどこなのか、特定できない場合もある。また、連絡路線が1本もない単独駅で、幹線上にもないという、都道府県庁の所在地駅にしてはかなり寂しいケースもある。

限りなく単独駅に近い、北と南の巨大ターミナル●札幌駅・博多駅

札幌駅は200万都市札幌市の中心駅であり、JR北海道の最大のターミナルである。函館駅へ向かう「スーパー北斗」、室蘭駅へ向かう「すずらん」、帯広駅や釧路駅に向かう「スーパーおおぞら」や「スーパーとかち」、網走駅へ向かう「オホーツク」、稚内駅へ向かう「スーパー宗谷」と「サロベツ」、旭川駅行きの「スーパーカムイ」といったJR北海道のすべての特急列車は札幌

駅を起終点としているし、新千歳空港、江別、岩見沢、小樽や倶知安などの諸都市を結ぶ「エアポート」「いしかりライナー」「ニセコライナー」といった快速列車も、札幌駅を中心に運行されている。札幌駅から乗りかえなしでは直行することができない道内の主要都市は、根室や夕張、留萌、富良野（「フラノラベンダーエクスプレス」など、札幌駅発着の臨時列車の運転はある）くらいしか、思いつかない。

とにかく札幌駅に行きさえすれば、北海道内の鉄道旅行は自由自在、思いのままどこにでも行くことができる。だが、実は、札幌駅を通る路線は函館本線1路線しかない。こんなにも凄い大ターミナルなのに、札幌駅は函館本線の単独駅なのである。

大まかな地図を見ると、千歳線や札沼線も札幌駅から延びているように見えるのだが、千歳線の終点は白石駅で、札沼線の起点は桑園駅である。ただし、札幌駅に乗りかえ駅がないわけではなく、地下西側には札幌市交通局の地下鉄南北線が、東側には東豊線が通っていて、双方の駅が札幌駅との乗りかえ駅になっている。

ＪＲ北海道の中心が札幌駅なら、ＪＲ九州の中心駅は博多駅だ。

博多駅に乗り入れている路線は、山陽・九州新幹線と福岡市交通局の地下鉄空港線を除くと、ＪＲ在来線では鹿児島本線と博多南線の2路線だけである。しかも、博多南線は新幹線の車両基地、博多総合車両所までの回送線を利用した路線であって、博多南線の博多駅の使用ホームは11〜16番線の新幹線ホーム、使用車両は新幹線の700系や500系、『JR時刻表』の掲載ページも新幹線用の緑のページ、運営もJR九州ではなくJR西日本が行っているという、準新幹線とでもいうべき路線なのである。扱いはあくまでも在来線扱いなので、博多駅〜博多南駅間8・5キロを新幹線車両で移動しても、乗車料金は200円の運賃の他に特定特急料金100円の、計300円で済むのだが。

つまるところ、博多駅も鹿児島本線の単独駅と言い切って差し支えないような駅なのだ。乗りかえ路線はわずかだが、長崎本線の「かもめ」や佐世保線の「みどり」、日豊本線の「ソニック」、久大本線の「ゆふいんの森」、筑豊本線の「かいおう」など、九州各地へ向かう特急列車の起終点となっていて、大ターミナルの役割を果たしているのは、札幌駅と同じだ。

九州新幹線と、長崎本線や佐世保線の乗りかえ駅は、新鳥栖駅となっている。しかし、東京駅や名古屋駅から長崎方面へ向かう場合、「のぞみ」に乗車すると、終着駅は博多駅。新鳥栖駅まで1駅だけ九州新幹線に乗車して乗りかえるよりも、「のぞみ」を下車後、そのまま博多駅で特急「かもめ」や「みどり」に乗車したほうがラクなのは言うまでもない。

政令指定都市の中心駅はどこにある？

【浦和駅vs.大宮駅】

さいたま市は、浦和市、大宮市、与野市、岩槻市が合併してできた127・0万人（2015〈平成27〉年）の人口を擁する政令指定都市で、埼玉県庁の所在地である。では、この都市の中心駅はどこかというと、どうもはっきりしないのである。地元の人に尋ねてみても、「当然、県庁や市役所がある浦和駅でしょう」という人もいれば、「中心駅というからには、新幹線の全列車が停車する県内一の大ターミナル、大宮駅に決まっているではないか」という人もいる。県内の出身地や居住地によって、浦和駅派か、大宮駅派に二分されているようだ。

駅の規模や機能だけを見れば、大宮駅が中心のように見える。乗りかえ駅として見ても、宇都宮線（＋高崎線、上野東京ライン）と京浜東北線、湘南新宿ラインだけの浦和駅に比べて、大宮駅には浦和駅を通る路線に加えて東北（＋山形、秋田）新幹線、上越新幹線、北陸新幹線、埼京線、川越線、東武アーバンパークライン、埼玉新都市交通が発着しており、乗りかえ路線や列車の多さでは、浦和駅を圧倒している。しかし、県や市の主要官公庁の最寄り駅は浦和駅である。

浦和vs.大宮の争いは今に始まったことではなく、さいたま市が成立する以前から、埼玉県の中

浦和駅の宇都宮線（上野東京ライン）ホーム。右は湘南新宿ライン

大宮駅のディラ大宮側の乗りかえ通路と乗りかえ案内

心はどちらの街かという主導権争いが延々と続けられているようだ。サッカーJリーグで、浦和レッドダイヤモンズと大宮アルディージャのどちらが上位にいるかで、その時々の中心駅を決める、というわけにもいきませんしね。

【橋本駅VS.相模原駅VS.相模大野駅】

相模原市は、横浜市、川崎市に次ぐ神奈川県第3の政令指定都市で、人口は72・4万人を数える（2015年）。市域は緑区、中央区、南区の3区に分かれていて、それぞれの区の中心となる駅は、橋本駅（緑区）、相模原駅（中央区）、相模大野駅（南区）と言えるだろう。だが、この3駅の中でどの駅が相模原エリアを代表する駅かということを決めるのは、相当に難しい。

相模原駅は市域の中心近くにあり、市役所の最寄り駅なのだが、通る路線はJR横浜線1路線のみ。つまり単独駅である。また、駅の北東側一帯にはアメリカ陸軍の相模総合補給廠《しょう》が広がっており、市街地は駅の南西側に形成されているにとどまる。

橋本駅には、JR横浜線、JR相模線、京王相模原線の3路線が乗り入れていて、八王子、横浜、茅ケ崎、そして新宿に直結している都営地下鉄新宿線に直通する電車に乗れば、都内を横断して千葉県の本八幡駅まで行くことができる。

相模大野駅は小田急小田原線と江ノ島線の分岐駅で、新宿、小田原、片瀬江ノ島に直通しているし、特急ロマンスカーで箱根湯本や片瀬江ノ島に向かうこともできる。東京メトロ千代田線に乗り入れる電車は、常磐線の綾瀬まで直通している。

こうして駅だけを見れば、橋本駅か相模大野駅が中心と思えるのだが、両駅とも市域の中心部から外れている。

2027年開業予定のリニア中央新幹線の駅は、橋本駅南側の神奈川県立相原高校の敷地内に建設される予定である。また他方では、現在は唐木田駅が終点の小田急多摩線が相模原駅まで延長される計画もあるという。これらの路線が開通した後に、相模原市内の交通体系の重心がどこに移動するのか、気になるところだ。

【堺駅VS.堺東駅VS.堺市駅】

乗りかえ駅ではないので簡略に記すが、大阪府の政令指定都市堺市の中心駅もわかりづらい。市街地には西側から南海本線、阪堺電軌阪堺線、南海高野線、JR阪和線、大阪市地下鉄御堂筋線の5路線が南北に並行している。駅名だけからすれば、堺市の中心駅は南海本線の堺駅か阪和線の堺市駅のように思えるが、さにあらず。市役所の最寄り駅で、最も駅前が繁華な駅は、高野線の堺東駅、最も繁華な市街地の中心を走る路線といえば、阪堺電軌だろう。

ローカル線単独駅の県庁所在地駅

県庁所在地（那覇市以外）の中心駅でも、ＪＲ１路線しか通っておらず、しかも、その路線が幹線、本線ではないローカル線、という駅も多数ある。

単独駅の県庁所在地中心駅は、山形駅、前橋駅、静岡駅、大津駅、松江駅、山口駅、松山駅、高知駅、佐賀駅、長崎駅、宮崎駅と、全国に11駅。このうち、山形駅と静岡駅は新幹線の連絡駅で、松山駅（伊予鉄道）、高知駅（とさでん交通）、長崎駅（長崎電軌）の駅前には、路面電車が乗り入れている。単独駅ではあっても、前橋駅（両毛線）、大津駅（東海道本線）、松江駅（山陰本線）、佐賀駅（長崎本線）、宮崎駅（日豊本線）の各駅は、幹線の拠点駅となっている。

残る１駅、山口駅は、県庁所在地の駅としては唯一、地方交通線の山口線に属する単独駅で、１日あたりの乗車客は約１６５０人。この数は県庁所在地駅としては最も少ない。寂しいのも悪くないと思うが、数字だけ見れば、山口駅は日本一寂しい県庁所在地駅と言えるだろう。

9　ＪＲ・私鉄・第三セクター間の乗りかえの不思議

ＪＲ線の乗り場と三セク、私鉄の乗り場との間には、中間改札（１４０ページ）があるものと思ってしまうが、意外にそうでもないようだ。新たな鉄道会社や路線が誕生するときには駅舎や改札口が新設されるが、ＪＲ線が三セクになった後でも直通列車が走っている場合などには、改札口やホームが共有されていることも珍しくない。また、国鉄時代には、国鉄ホームと私鉄ホームの間に、改札口も柵も仕切りも設けられていない駅がよく見られた。

同じ西武線同士なのに、なぜ中間改札があったのか●国分寺駅

ＪＲ中央線の国分寺駅は、西武国分寺線と西武多摩湖線との乗りかえ駅になっていて、ＪＲと西武の乗り場の間には連絡改札口が設けられている。しかし１９８０年代までは、国鉄中央線と西武国分寺線の間に改札口はなく、駅舎と南北の改札口が共有されていた。

ここまではどうということもない近過去なのだが、珍しいのは、西武多摩湖線の乗り場の手前に中間改札のような改札口が設けられていて、西武線同士の乗りかえの際にも改札口を通らなけ

国分寺駅のＪＲと西武鉄道の連絡改札口

国分寺駅で顔を合わせるＪＲ中央線E233系と西武2000系

ればならなかった、ということだ。これは、もともとは西武国分寺線と西武多摩湖線が別会社で、多摩湖線の国分寺駅が少し離れた場所にあったためだ。

国分寺駅の開業は1889（明治22）年（甲武鉄道の新宿駅〜立川駅間開通時）。川越鉄道（現国分寺線の国分寺駅〜東村山駅間）の開業は1894年。川越鉄道は、甲武鉄道との間で貨車の受け渡しを行うため、甲武鉄道と同じ平面の北側に線路とホームを設けた。

一方、多摩湖線（多摩湖鉄道の国分寺駅〜萩山駅間）は1928（昭和3）年に開業。ホームは国分寺駅より一段高い崖の上に敷設され、専用の改札口が設けられた。今の西武の2路線が一つの会社になったのは1945年のことだが、「同一線内の2つの改札」状態は、多摩湖線ホームの移設工事が完了する1990（平成2）年まで続いていた。

国分寺線と多摩湖線がかつて別会社だった名残は、別のところにもある。国分寺線の小川駅〜東村山駅間と、多摩湖線の八坂駅〜武蔵大和駅間は立体交差しているのだが、昔も今もそこに乗りかえ駅はない。

宙に浮いたJR線ホーム——簡易ICカード改札機はこう使う●八丁畷《はっちょうなわて》駅

JR南武線の支線と京急電鉄の乗りかえ駅、八丁畷駅は各駅停車しか停まらない小さな駅だが、なかなか面白い構造をしている。

歴史をたどってみると、まず1916（大正5）年に京急電鉄の八丁畷駅が開業した。南武線の八丁畷駅のほうは、私鉄の南武鉄道の駅として1930（昭和5）年に開業している。

駅の構造は至ってシンプルだが、シンプルすぎて中間改札もない。いや、南武線の八丁畷駅には改札口すらなく、京急の改札口を借りている状態である。

京急電鉄は地上を走り、ホームは相対式で2面2線。1番線ホームの京急川崎駅寄りと2番線ホームの横浜駅寄りに改札口が設けられている。

一方の南武線は京急電鉄線の上を高架で越えていて、ホームは1面1線。南武線の利用者は、京急の改札口から入場して、京急八丁畷駅のホームを通り、階段を上って南武線のホームに向かう。駅自体は京急電鉄とJRが共同で使用しているが、切符の授受や精算など、南武線八丁畷駅の管理は京急電鉄が行っている。

南武線のホームは、京急電鉄の上下ホームを結ぶ跨線橋の役割を兼ねているので、乗客は自由に両駅構内を行き来している。で、京急電鉄の駅には自動改札機があり、南武線のホームには簡易ICカード改札機がある。

簡易ICカード改札機はローカル線の駅や無人駅などを中心に設置されているもので、首都圏

八丁畷駅南武線ホームと簡易ICカード改札機

都市部の電車駅では、南武線の支線や鶴見線くらいでしか見かけることはない。しかも、八丁畷駅の簡易ICカード改札機は、少し様子が変わっている。改札機が青色と黄色の2種類あるのだ。

八丁畷駅から南武線に乗車する乗客は、まず京急電鉄の自動改札機にICカードをタッチして入場し、南武線ホームで黄色の機械にタッチしてから電車に乗る。京急電鉄からの乗りかえ客も、南武線に乗車する際には、黄色の機械にタッチする。

南武線から下車するときは、青い機械にタッチしてから、京急電鉄に乗りかえる、もしくは京急電鉄の改札口を出る。乗車も下車も、ホーム上でのタッチを忘れると、実際の乗車履歴とは異なる運賃を（たいていの場合は多めに）差し引かれることになるので、注意されたい。

ＪＲ線のホームに挟まれた名鉄線ホーム●豊橋駅

豊橋駅は、東海道新幹線、JR東海道本線、JR飯田線、名鉄（名古屋鉄道）本線の4路線が乗り入れ、隣接して豊橋鉄道渥美線の新豊橋駅があり、駅前には路面電車の豊橋鉄道東田本線が乗り入れているという愛知県東部の拠点駅だが、構内の配線が面白いことになっている。

1～2番線が飯田線のホームで、4～8番線が東海道本線のホーム、私鉄の名鉄がJRの両線に挟まれた3番線ホームとなっているのだ。なぜこのように変わった配線になったかというと、飯田線は初め私鉄として開業して、私鉄同士ということで、名鉄とホームや駅舎を共有していたからだ。

飯田線の前身は、豊川鉄道（豊橋駅～大海駅）、鳳来寺鉄道（大海駅～三河川合駅）、三信鉄道（三河川合駅～天竜峡駅）、伊那電車軌道（天竜峡駅～辰野駅）という4社の私鉄だった。

豊橋駅の歴史は、

1888年　東海道本線の豊橋駅が開業。

1897年　豊川鉄道の豊橋駅（のちに吉田駅に改称）～豊川駅間が開通。

1927年　愛知電気鉄道（現名鉄）が豊橋駅に乗り入れる。

1943年　4社の私鉄が国有化されて飯田線に。吉田駅が豊橋駅に併合される。

このようになっている。初め、豊川鉄道と愛知電気鉄道の駅は旧東海道の宿場名である吉田駅を名乗っていたが、1943年に駅が統一された。旧豊川鉄道（現飯田線）と名鉄は、駅だけでなく線路も共有していて、飯田線がJRに変わった現在も、その関係は続いている。

だから、豊橋駅を出発するどちらの電車に乗っても、まずは複線区間を走っているように見える。豊川の鉄橋を渡り、豊川放水路の鉄橋を渡った先の平井信号場で、ようやく複線（状の線路）が分岐して、名鉄線はそのまま直進し、飯田線は右にカーブを描いて離れていく。一見、複線区間に見える豊橋駅〜平井信号場間は、「飯田線の単線と名鉄線の単線が並走している区間」であり、JRが所有する飯田線の線路を、飯田線の下り列車（辰野方面）と名鉄の下り列車（名古屋方面）が走行し、名鉄が所有する名鉄本線の線路を、飯田線の上り列車（豊橋方面）と名鉄の上り列車（豊橋方面）が共同使用している、というわけなのだ。

東海道本線と名鉄本線は、豊橋〜名古屋〜岐阜間ではスピードやサービス面などで熾烈な闘いを繰り広げているが、飯田線と名鉄本線は、蜜月時代から続く関係を保っているようだ。なお、豊橋駅〜平井信号場間には船町駅と下地駅があるが、この2駅に停車するのは飯田線の電車で、名鉄電車は通過する。

乗りかえホームを分断して、県道が通った！●伊万里駅

　ＪＲや大手私鉄の路線が三セクに転換される際には、ＪＲ線や私鉄線のホームとの境に中間改札が設けられたり、駅舎だけ建て直されたりということが多い。構内を含めた駅全体が大きく変わることはあまりないのだが、ＪＲ筑肥線と松浦鉄道（元ＪＲ松浦線）の乗りかえ駅である伊万里駅では、えいやっとばかりに駅が真っ二つに分断されてしまった。

　伊万里駅は、１８９８（明治31）年に伊万里鉄道の駅として誕生した。伊万里鉄道は１９０７年に九州鉄道に買収されたのちに国有化され、１９４５（昭和20）年に松浦線に改称された。１９３５年に北九州鉄道が乗り入れた際に、伊万里駅は乗りかえ駅になった。

　一方の北九州鉄道は、１９３７年に国有化されて筑肥線となった。筑肥線と松浦線の間では直通列車も運転され、１９６２年には博多駅発、筑肥線、松浦線経由佐世保行きの気動車準急「九十九島」が運転を開始した。１９８８年に松浦線は三セクの松浦鉄道西九州線に転換されたが、駅の構造は変わらず、線路もつながっていた。

　駅が大変貌を遂げたのは、２００２（平成14）年のことである。伊万里駅は東西二つに分断され、東側にはＪＲ筑肥線の東駅舎と１面１線のホームが、西側には松浦鉄道の西駅舎と２面３線

のホームが設けられ、それぞれビルになった。駅と駅の間には4車線道路の県道240号線が通っていて、東西の駅舎はペデストリアンデッキで結ばれている。柏駅東口や仙台駅西口、それから、新宿駅の南口から続く新宿タカシマヤなどでおなじみの、きわめて都市的なデッキ構造である。

蛇足ながら、松浦鉄道には2つの「日本一」がある。一つは、本州、四国、九州エリアでは、松浦鉄道たびら平戸口駅が最西端の駅であること（沖縄都市モノレール線、ゆいレールの那覇空港駅が日本最西端の駅）。もう一つは、佐世保中央駅と中佐世保駅の駅間距離。わずか200メートルで、路面電車などを除けば、筑豊電鉄の黒崎駅前駅〜西黒崎駅間と並ぶ、日本で最短の駅間距離である（首都圏で、駅間距離が非常に短いことで知られる京王井の頭線の渋谷駅〜神泉駅間や新代田駅〜東松原駅間などでも、500メートルはある）。

上野？ 御徒町？ 場所はいったいどこに●上野御徒町駅

上野駅は言わずと知れた東京を代表するターミナルの一つ。その南隣の駅が御徒町駅であるということは、広く知られている。しかし、「上野御徒町駅」というと、「はて？」となる。地元、台東区の人か、都営地下鉄大江戸線の利用者でない限り、知らない人が多いようだ。

上野御徒町駅という名前くらいは知っていても、この駅が上野駅や御徒町駅に対してどのよう

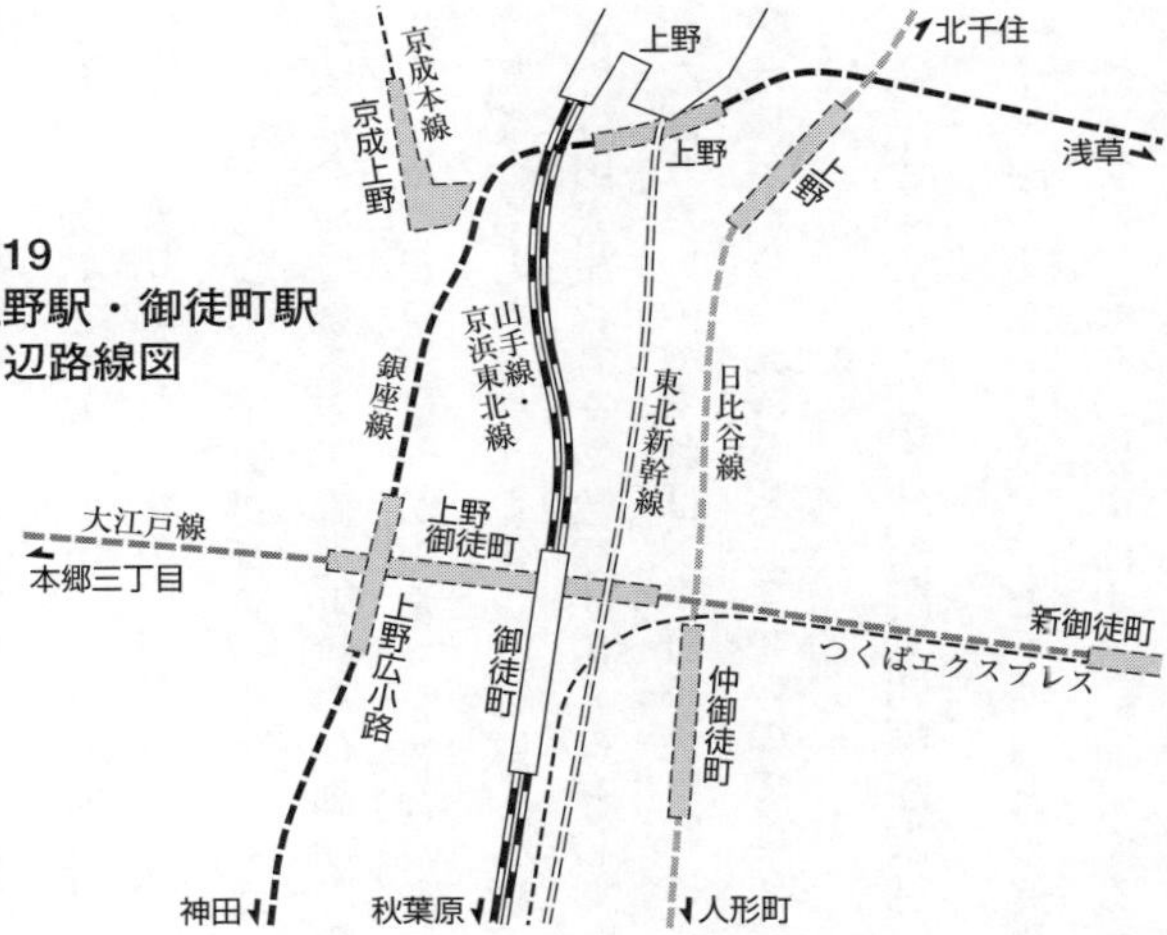

図19
上野駅・御徒町駅周辺路線図

な位置関係にあり、どの路線と乗りかえが可能なのかということを正確に把握している人は、そう多くないのではないか。

「上野御徒町というからには、その両駅の間、アメ横の地下あたり」と見当をつけることもあるだろう。これはまったくの的外れではないし、上野御徒町駅は上野駅まで地下道でつながってはいるのだけれど、JR各線や、京成、東京メトロの各上野駅の乗りかえ駅にはなっていない。

上野御徒町駅ができたのは、2000(平成12)年。通称春日通りの地下を走る大江戸線にあり、東は東京メトロ日比谷線仲御徒町駅に、中ほどではJR御徒町駅に、西側では東京メトロ銀座線の上野広小路駅に連絡し、これらの各駅を結ぶ乗りかえ駅となっている。この駅の開業によって銀座線と日比谷線の3番目の乗りかえ駅が誕生して、仲御徒町駅や御徒町駅から上野広小路駅までの行き来が便利になったことは確かだが、この区間を歩いて銀座線と日比谷線を乗りかえるよりは、上野駅から銀座駅で乗りかえたほうが便利だろう。

ついでながら、上野御徒町駅東隣の大江戸線新御徒町駅は、つくばエクスプレス線との乗りかえ駅になっているが、御徒町駅や仲御徒町駅との乗りかえ駅ではない。駅名決定に至る事情や経緯を記した資料が見つからず、なぜこのような駅名になったのか、調べはつかなかったが、混乱を招くかもしれないネーミングの駅が2駅連続しているって、どうなんだろう。東京都が観光政策で外国人旅行者を多数呼び込もうとしているのであれば、なおのこと。既成の連絡駅との差別化を図りたいのであれば、上野御徒町駅は「アメヤ横丁駅」として、通称「アメ横駅」、新御徒町駅は地名から「元浅草駅」でいいのではないか。

通常すべての列車が通過、列車が来ない終着駅●鹿島サッカースタジアム駅

JR線の終点であり、三セク路線との連絡駅であるにもかかわらず、ふだんはJRの列車はやって来ず、三セクの列車はすべて通過するという不思議な乗りかえ駅が、茨城県にある。その駅の名は鹿島サッカースタジアム駅。その名のとおり、Jリーグの鹿島アントラーズのホームグラ

ウンド、茨城県立カシマサッカースタジアムの最寄り駅だ。

鹿島サッカースタジアム駅は、ＪＲ鹿島線の終着駅で、三セクの鹿島臨海鉄道大洗鹿島線の終着駅であり、貨物線である鹿島臨港線の起点駅となっている。ところが、平常ダイヤでは、ＪＲ鹿島線の列車はすべて１駅手前の鹿島神宮駅を起終点としていて、その代わりに鹿島臨海鉄道大洗線の列車が鹿島神宮駅まで片乗り入れを行っている。鹿島臨海鉄道の列車も、通常は鹿島サッカースタジアム駅に停車することはなく、すべての旅客列車が通過していく。この駅に列車が停車するのはサッカーの試合の開催日だけだ（この日ばかりはＪＲの臨時列車も運転され、駅構内もスタジアム同様の熱気に包まれる）。

この不思議な駅は、１９７０（昭和45）年の鹿島臨海鉄道開通と同時に開業し、当初は北鹿島駅と呼ばれていた。鹿島臨海鉄道は鹿島臨海工業地帯へ向かう貨物専用の路線だったが、１９７８年に北鹿島駅〜鹿島港南駅間で旅客営業を開始。鹿島臨海鉄道の旅客列車が鹿島神宮駅まで乗り入れを開始した。この旅客輸送は、成田空港への燃料輸送の地元への見返りとして行われたものだが、１９８３年に航空燃料輸送用のパイプラインが完成すると、名目上の旅客営業は廃止され、北鹿島駅は貨物駅となった。

１９８５年に鹿島臨海鉄道の大洗鹿島線が開通すると、水戸駅〜鹿島神宮駅間で旅客営業を開始し、北鹿島駅は名目上は客貨双方を扱う一般駅となったが、停車する列車はほとんどなかった。転機が訪れたのは、1994（平成6）年のことだった。前年のJリーグ開幕を受けて、駅に隣接した地に茨城県立カシマサッカースタジアムがオープンすると、併せて駅名も現在の鹿島サッカースタジアム駅に改称された。

鹿島サッカースタジアム駅の構造は、ホームが1面2線。中間改札は設けられておらず、JR線も鹿島臨海鉄道線も、共同の改札口を使用している。ホームの両側には貨物の入れ替えや、列車の留置に使われる側線が2線ずつ敷かれていて、サッカーの試合のない日も貨物列車の入れ替えや機関車の付け替えが行われている。鉄道趣味的な観点からすると、かなり面白い駅なのだが、試合がある日以外は旅客列車は素通りしていくので、この駅に向かうには、3キロほど離れた隣の鹿島神宮駅か荒野台駅から歩くしかない。

また、時刻表に臨時駅の記載はないのだが、現在の鹿島サッカースタジアム駅の形態は臨時駅で、JR鹿島線は臨時駅が終着駅という珍しい路線となっていることも付け加えておく。

JRと近鉄、二股がけの三岐鉄道●富田駅・近鉄富田駅

三岐鉄道三岐線は、三重県四日市市の富田《とみだ》駅といなべ市の西藤原駅を結ぶ路線延長27・6キロ

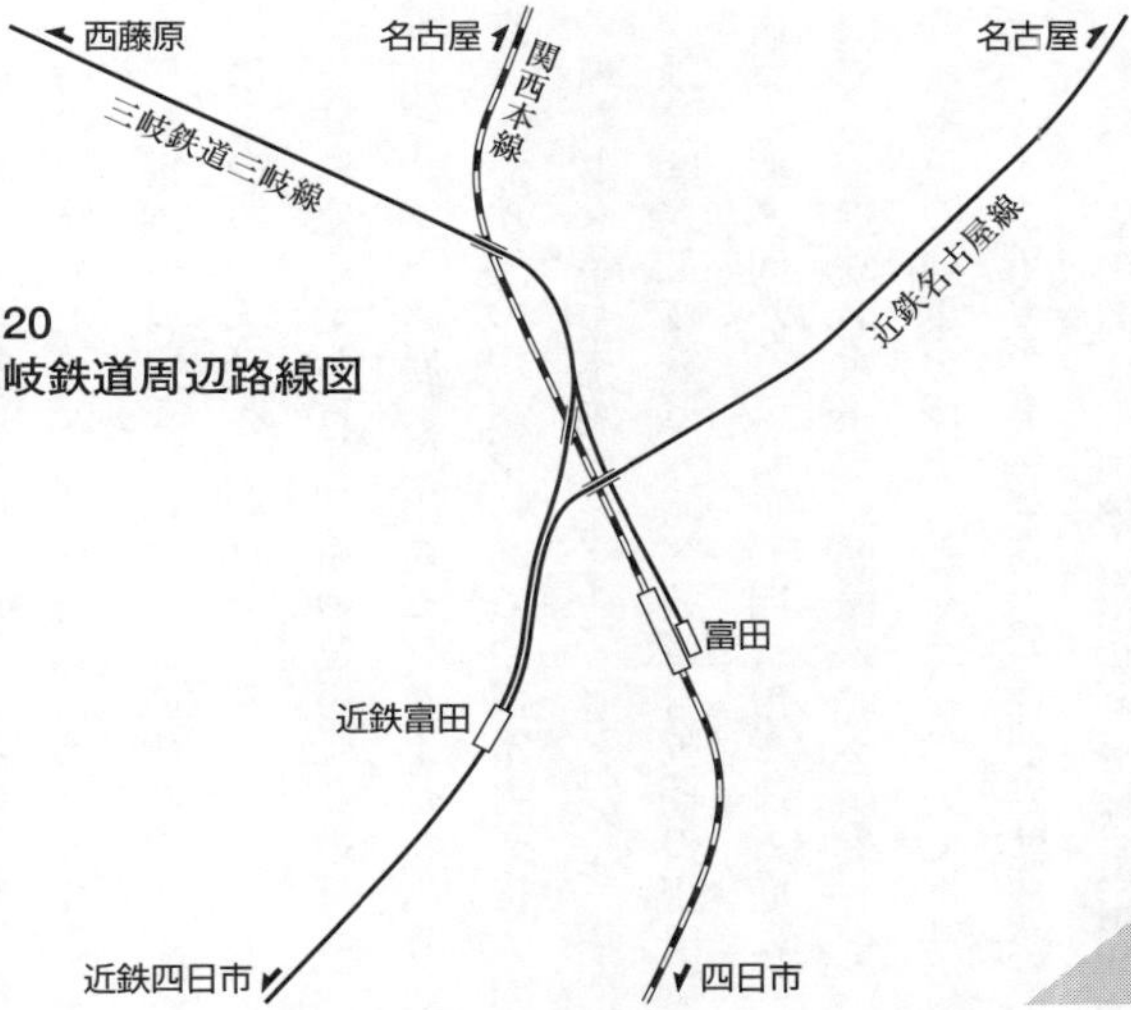

図20
三岐鉄道周辺路線図

の地方鉄道線だ。社名と路線名は、三重県と岐阜県の関ヶ原を結ぶ予定で設立されたことによるが、実際の路線は鈴鹿山脈のふもとまでしか建設されておらず、列車の運行は三重県内だけで行われている。元西武鉄道の黄色い電車を使用して、四日市や名古屋方面への通勤通学客や、鈴鹿山脈へのハイキング客などの旅客輸送のほか、私鉄としては珍しい貨物輸送も行っている。いや、そもそも三岐鉄道はセメント輸送を目的に建設された鉄道だった。東藤原駅に隣接した太平洋セメント藤原工場を基点にセメントの原材料や製品の輸送が行われており、丹生《にゅう》川《かわ》駅に隣接して、貨物鉄道博物館まである（これまた、きわめて珍しい）。

三岐鉄道の電車に乗って富田方面に向かうと、

ＪＲ関西本線の線路を越えたところの三岐朝明信号場で路線は２本に分かれ、旅客を乗せた電車は右の線路を走って近鉄富田駅に乗り入れる。左の線路は関西本線に並走して、そのままＪＲの富田駅構内へ続いている。左側の線路を走るのは貨物列車だけで、貨車は富田駅構内でＪＲの機関車との間で受け渡しが行われる。

三岐鉄道を走る貨物列車の運用は2系統あって、一つはセメントを積んだ貨車を四日市港の太平洋セメント藤原工場出荷センターへと送る運用、もう一つは、ＪＲ武豊線東浦駅から分岐する衣浦臨海鉄道の碧南市にある中部電力碧南火力発電所に向けて炭酸カルシウムを送り、セメントの原料となる石炭灰（フライアッシュ）を積んで帰路につくという運用だ。

以前は、三岐鉄道の旅客列車も国鉄の富田駅に乗り入れていた。しかし、富田駅から先は、名古屋方面に向かうにせよ、四日市や津方面に向かうにせよ、運転本数においても、到達時間においても、近鉄名古屋線が関西本線を圧倒していた。国鉄富田駅に降り立った三岐鉄道の乗客は、関西本線の列車を待つことなく、歩いて近鉄富田駅に向かい、近鉄電車に乗りかえていた。そこで、近鉄連絡線が建設され、旅客列車は近鉄富田駅に乗り入れるようになった。

しばらくの間は、国鉄富田駅と近鉄富田駅の双方に旅客列車が乗り入れていたが、１９８５（昭和60）年以後は、旅客列車は近鉄富田駅だけに乗り入れるようになり、以降現在まで、旅客は近鉄富田駅が乗りかえ駅、貨物はＪＲ富田駅が乗りかえ駅というしくみが続いている。

10　関西圏の乗りかえ駅は奇々怪々

関西圏外で暮らす人間にとって、関西圏、特にその中核となる京阪神は、何かとミステリアスに見える。地元の人にしてみれば、「京阪神」という言葉で一括りにされるのは迷惑だろうと思うのだが、私の場合で言うと、東京で出会った関西の人が京都出身なのか、大阪出身なのかは、ほぼわからない。

鉄道も、プラスとマイナス双方の魅力や謎に包まれているように見える。プラスの代表は、なんと言っても車両のすばらしさ。ＪＲでも私鉄でも、特急券やグリーン券などの特別料金を払わずに転換式クロスシートの快適な電車に乗れるのは、うらやましい限りだ。首都圏の通勤電車に押し込まれている身としては、日々あんな電車で通勤できたらと思ってしまう。

では、マイナスの謎はと言うと、一にも二にも乗りかえ駅の不便さ、不可解さに尽きるのではないだろうか。一例を挙げれば、同じ市町村内にあって同じ名前なのに所在地が異なる駅の数は、関東地方が浅草駅など3駅、東海地方が春日井駅など5駅、四国が3駅、九州が4駅、北海道、東北、北陸、中国の各地方は2駅以下。ところが関西では、京都、大阪、兵庫の2府1県だけでも、「尼崎」駅、「嵐山」駅など、22駅もある。それだけ地元愛が強いということなのだろうか。

この例に限らず、大阪、京都、神戸をはじめとする各都市の個性にも、目を見張るものがある。

乗りかえ駅のわかりにくさ——戸惑いの魔都大阪!

大阪の乗りかえ駅のわかりにくさは、図抜けている。これは、鉄道会社がそれぞれ独自の駅名を付けていることと、大阪市営交通の独自主義、モンロー主義（相互不干渉主義）によるものではないかと私は思っている。

大阪市交通局は戦前の路面電車時代から、都市内の公共交通は市が独自で行うべきものである、という立場を貫いてきた。この考え方にはよい部分もあったのだが、戦後、市街地が急速に拡大すると、市が単独で公共交通を維持することの弊害が顕在化してしまった。

大阪市営地下鉄の大部分の路線は、「JRや私鉄の郊外路線と地下鉄との直通運転は行わない」「民間資本による、市街地中心を貫通する路線の建設は認めない」という立場を前提に、直流750ボルトのサードレール方式という独特な規格で建設されてきた。現在、他社の路線と直通運転が行われているのは、御堂筋線、堺筋線、中央線の3路線だけだ。

御堂筋線が直通する北大阪急行は大阪府も出資者となっている三セク鉄道で、1970（昭和45）年の大阪万博の際、会場のアクセスのために御堂筋線を延長する形で建設された。

堺筋線は、大阪の地下鉄ではこの路線だけという、直流1500ボルトで架線集電方式（線路の上に張った電線から、パンタグラフなどで集電する）で建設され、阪急京都線、千里線との直通運転が行われている。

中央線は、日本では地下鉄線以外の私鉄では唯一というサードレール方式で建設した近鉄けいはんな線と直通運転を行っている。

こうした結果、大阪郊外から大阪の中心近くまで来た乗客は、どこかの駅で地下鉄に乗りかえなければ市内中心部に向かうことができないようになっていて、乗りかえ駅が増え、混乱を招く結果になっている。

関東人には難しい？ その関係性●大阪駅・梅田駅

大阪駅と梅田駅の関係を見てみよう。この両駅の関係が、関東の人間には捉えにくい。首都圏では、東京駅と地下鉄5路線が乗り入れている大手町駅の関係が不明だと言われることがあるが、大手町駅は東京駅の北西に固まっているので（おかしな表現だが）、場所を特定することができる。

図21　大阪駅・梅田駅周辺路線図

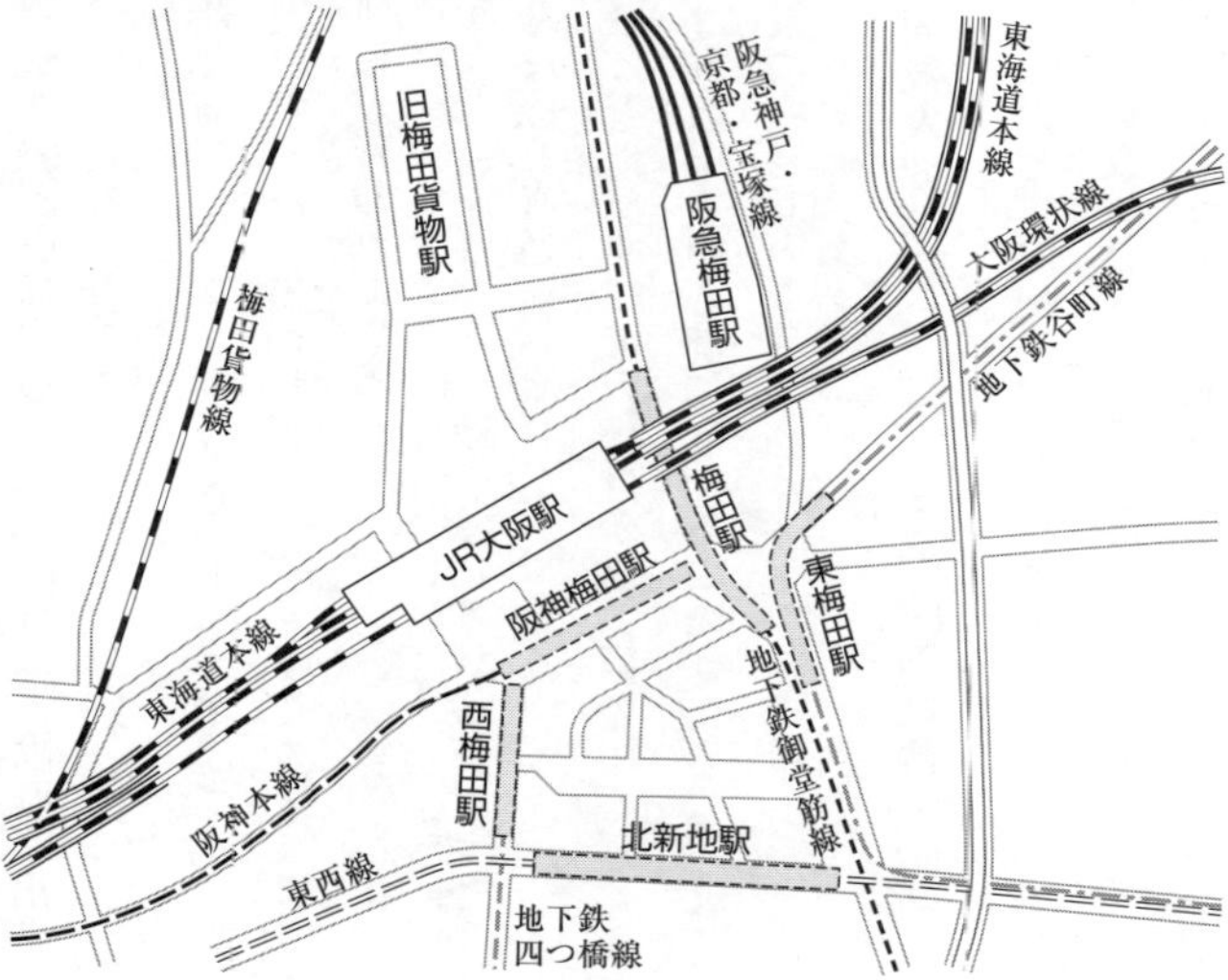

しかし、梅田駅は大阪駅の四方にあって（！）目指す梅田駅にたどり着くのが難しい。

ＪＲ大阪駅の北東側には阪急の梅田駅があり、南側には阪神の梅田駅がある。地下鉄御堂筋線の梅田駅は大阪駅の東側にあり、その南に地下鉄谷町線の東梅田駅があり、地下鉄四つ橋線の西梅田駅は大阪駅の南西にある。また、大阪駅の北側から西にかけての一帯には、かつて梅田貨物駅があった。この跡地の地下に「北梅田駅」（仮称）ができるという計画もあるそうで、実現すれば、梅田駅を把握するのがまた一段と難しくなる。

過去を整理してみると、大阪駅がある場所は、もとは曾根崎村の大字梅田だった。現大阪駅の開業は１８７４（明治７）年で、開業後しばらくの間は「梅田ステンショ」と呼ばれていたという。梅田一帯が大阪の市街地域に編入されたのは、1897年、明治も30年になってからのことだった。現在JR大阪環状線となっている大阪鉄道と西成鉄道は、1895年と1898年に相次いで今の大阪駅に乗り入れたが、そのときの大阪鉄道の駅名はまだ梅田駅だった。その後、周辺に相次いで開業した私鉄の梅田駅と区別するためと、大阪の中央駅という意味で、国有鉄道の中心駅は「大阪駅」と呼ばれるようになったというが、その後も地元では「梅田」駅と呼ばれていた。

1900年に発売された『鉄道唱歌』の第1集東海道編では、大阪到着の下りは「はや大阪につきにけり　梅田は我をむかへたり」となっていて、作者の大和田建樹が到着したのは大阪駅であったのか、梅田駅であったのか、歌詞だけでは判然としない。

とにかく、梅田という地名はかなり広汎な地域にわたっていて、さまざまな梅田駅があることはわかる。しかし、いざ実際に乗りかえようとすると、なかなかスムーズに行かないことも事実なのだ。

ややこしい!?　阪神の野田駅と、地下鉄の野田阪神駅

大阪環状線の内回りに乗って、大阪駅から2駅目が野田駅だが、阪神電鉄にも野田駅がある。

両駅は500メートルほど離れていて、乗りかえ駅にはなっていない。JR野田駅と乗りかえ駅になっているのは、地下鉄千日前線の玉川駅で、阪神電鉄の野田駅と乗りかえ駅になっているのは、JR東西線の海老江駅と地下鉄千日前線の野田阪神駅である。つまり、千日前線の野田阪神行きに乗車すると、玉川駅でJR野田駅への乗りかえ案内があり、次の終点野田阪神駅では阪神電鉄の野田駅への乗りかえ案内があるということだ。これ、相当にややこしいですよね？　しかも、海老江駅の計画段階の仮名称は「野田阪神駅」だった。

JR野田駅の開業は西成鉄道時代の1898（明治31）年で、阪神の野田駅は1905年なので、歴史においてはJR野田駅に一日の長があるが、駅の大きさ、乗降人員、駅周辺のにぎやかさでは、阪神側に軍配が上がる。また、阪神の野田駅は区間特急や急行の停車駅だが、JR野田駅は快速通過駅で、昼間の時間帯には内回り、外回りとも1時間あたり4本程度しか電車が停車しない。同じ「野田駅」なのに、ずいぶんと差がついているようだ。

阪神の駅のほうが冠ナシの「野田」駅で、地下鉄の駅のほうが「野田阪神」駅になっているのも不思議だ。阪神の野田駅の北側には阪神電鉄の本社があり、一帯が阪神グループの本拠地となっているので、駅名でわざわざ「阪神」と名乗るに及ばず、ということなのだろうか。

京都には、なぜ乗りかえ駅が少ないのか？

さて、京都である。京都の市中には、JRの東海道本線、山陰本線、奈良線、湖西線のほか、地下鉄が2路線、京阪、阪急、近鉄、京福電鉄、叡山電鉄の5社の私鉄路線がある。しかし、路線数のわりには、乗りかえ駅は衝撃的に少ない。だから京都では、鉄道だけを利用して市内や観光地をめぐるのが難しい。これは、京都の乗りかえ駅の大問題と言えるのではないだろうか。

京都市中にあるターミナルは、JRの3路線と近鉄京都線、地下鉄烏丸線が乗り入れる京都駅、京阪電鉄と叡山電鉄の出町柳駅、阪急電鉄の河原町駅、京福電鉄の四条大宮駅と北野白梅町駅。このほかに地下鉄2路線の起終点駅もあり、路線の数だけターミナルがあるような状態になっている。まさに我が道を行く京都らしさ、と言えなくもない。

だが、ターミナル間の移動にバスやタクシーを使わなければならないことが多く、歩いたほうが早いという場合もあり、個人旅行で京都を訪れる者はけっこう苦労する。なにしろ、京阪電鉄が三条から出町柳まで路線を延長する前までは、叡山電鉄は1978（昭和53）年に全廃された京都市電を除くと、何の連絡路線も持たない単独路線だったのだから、驚く。

地下鉄や京阪鴨東線が開通したことで多少は乗りかえの不便さも改善されてきたのだが、だからと言って、京都で次々に地下鉄を増設するわけにもいかない。地面をちょっと引っかいただけで、過去何世紀にもわたる遺跡、文化遺産が出現してしまうのだから。これは、京都に乗りかえ駅が少ない主要因の一つとも言えるだろう。

40年近く前、市内を市電が走っていた頃は、市電が駅と駅の間を結ぶ役目を果たしていた。京都市電はまた、京都の街並みにしっとりと溶け込んでもいた。新たに新型のトラム（ＬＲＴ）を走らせれば、景観も守りつつ、かつての市電の役割を果たしてくれるだろうし、世界的な古都にもふさわしいと思うのだが、どうだろう。

4つの駅を使い分ける●嵐山駅

京都の西郊、桜や紅葉の名所として訪れる人も多い嵐山には、4つの嵐山駅がある。「そうだ、鉄道で嵐山めぐりをしよう」と思い立ったとたんに頭の中は疑問符でいっぱいになる、かもしれないので、4つの嵐山駅について見てみよう。

嵐山観光の中心、渡月橋や天龍寺に最も近い嵐山駅は、京福電鉄嵐山本線、通称「嵐電」の嵐山駅。「嵐電」は、嵐山を中心に京都西郊の観光を一手に引き受けているような感がある便利な路線だ。

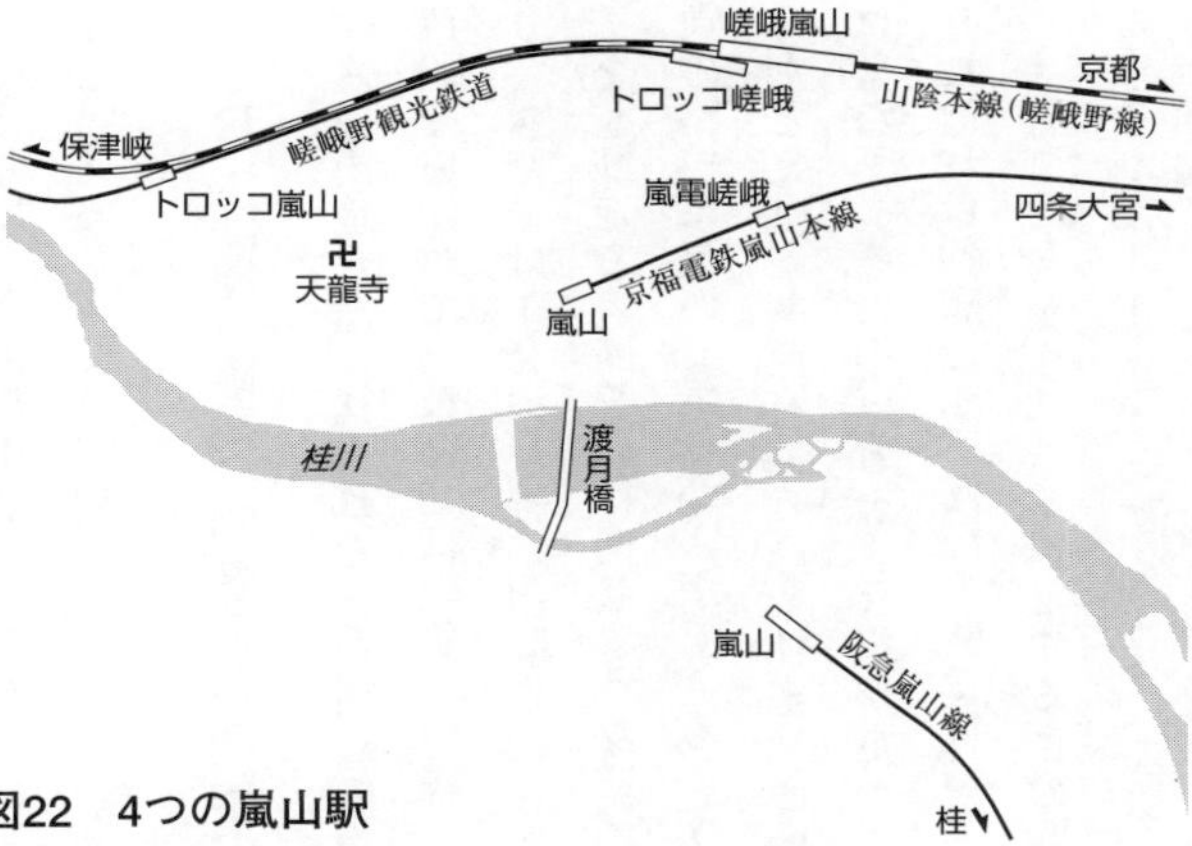

図22　4つの嵐山駅

　JR嵯峨野線（山陰本線）には、嵐電嵯峨駅の北に、嵯峨嵐山駅がある。もとは嵯峨駅という名前だったが、嵐山への観光客誘致のため、今の駅名を名乗るようになった。1991（平成3）年に山陰本線の旧線を利用してトロッコ列車を走らせている嵯峨野観光鉄道が開業してからは、トロッコ嵯峨駅との乗りかえ駅になっている。

　で、嵯峨野観光鉄道のトロッコ嵯峨駅の隣駅が、トロッコ嵐山駅。以上3つの嵐山駅は、みな桂川の左岸にあるが、阪急嵐山線の嵐山駅だけは、渡月橋の南、桂川の右岸にある。

　4つの嵐山駅は互いに連絡していないが、それは問題ではない。というのは、4駅は1キロ四方ほどの範囲にあるからだ。桜や紅葉を愛でながら寺社をめぐり、竹林をわたる風の音に耳を傾けながらゆっくり歩いているうちに、別の嵐山駅にたどり着けるだろう。歩く距離は少し長めだが、日本一優雅な徒歩連絡と言えるかもしれない。

JR・阪急・阪神、同名の駅が絡み合う神戸

六甲山地と海に挟まれた神戸周辺の市街地は、東西に細長く延びている。JR神戸駅や高速神戸駅を境にして、東側では阪急神戸線、JR神戸線(東海道本線)、阪神本線が東西に並行して走り、西側ではJR神戸線(山陽本線)と山陽電鉄が交差しながら走る。山と海との間の狭いすきまを並び走る各路線には同じような駅名が並んでいる。路線間の距離が詰まっているところでは、別の路線に歩いて乗りかえができるようにも見える。

たとえば、関西有数の高級住宅地といわれる芦屋付近では、阪急神戸線と阪神本線の間は1キロもなく、その中ほどをJR線が走っている。阪急の芦屋川駅、JRの芦屋駅、阪神の芦屋駅はそれぞれ単独駅だが、互いの駅は徒歩でも10分前後の位置にある。

目的地に向かうには、並走するどの路線のどの駅を使えばいいか? その駅に行くための最善の乗りかえルートはどこなのか? これらが、神戸近郊の乗りかえの最大テーマだろう。

芦屋の場合は、3路線の芦屋駅がほぼ南北に並んでいるからまだわかりやすいが、同じ駅名な

のに東西に遠く隔たっていたり、近い位置にあるのに1路線だけ別の駅名になっていたりすることもあって、県外人や市外人は混乱必至だ。

阪神間の一番北側、つまり六甲山地に近い山側を走る阪急電鉄は山の手の住宅地を結んでおり、海側を走る阪神電鉄は工場が建ち並ぶ下町を進む。単純に言い切れるものではないにしろ、このように地域の南北で街の性格がくっきりと異なっているため、東から西へ、西から東へと移動することは多いが、南から北へ、北から南へと移動することはそれほど多くないようだ。だから、地元で暮らす人であれば、同じ駅名が複数あっても、さほど困ることはないのだろう。

県外人が戸惑う例を挙げておく。阪急夙川駅から夙川に沿って下っていくと、２００～３００メートルでＪＲ線のさくら夙川駅に行き当たる。そのまま南へ向かって３００～４００メートル進むと、今度は川の上に設けられた阪神本線の駅にぶつかる。阪神の駅は夙川の上にあるのだが、駅名は香櫨園駅だ。また、阪急と阪神には御影駅があるのに、その間を走るＪＲ線には駅がない。

まだある。西宮駅と住吉駅はＪＲと阪神にあり、春日野道駅は阪急と阪神にある。これらの駅、名前は同じだが、離れた場所にあり、乗りかえ駅でもないので、旅行者は気をつけよう。

神戸の本拠地駅はどこ?●神戸駅VS.三ノ宮駅VS.三宮駅

神戸市の中心駅は神戸駅か、三ノ宮駅か? 地元では戦前からこの闘いがあって、それぞれ「我こそ神戸を代表する駅」と声を大に主張してきたらしい。

神戸駅は東海道本線の終点駅で、山陽本線の起点駅。かつて貴賓室もあった。また、名称からしても、神戸市を代表する駅のように見受けられる。しかし神戸駅は、東海道、山陽の2大幹線の接点でありながら、その他の連絡線がない時代も長かった。しかし神戸駅は、東海道、山陽2大幹線の接点でありながら、そのほかの連絡線がない時代も長かった。神戸高速鉄道の高速神戸駅や地下鉄海岸線のハーバーランド駅が設けられて、だいぶ乗りかえ駅らしくなってきた。なお、地下鉄大倉山駅も乗りかえ駅になってはいるが、神戸駅からは500メートルほど離れている。

3代目にあたる今の神戸駅に残る貴賓室

神戸駅と三ノ宮駅の双方の顔を立てたのだろうか、かつて国鉄は、ある特急の下り列車は三ノ宮駅通過で神戸駅停車、上り列車は神戸駅通過で三ノ宮駅停車という設定をしていたこともあったのだが、今、同じ区間を走るＪＲの定期特急で神戸駅に停車するのは「はまかぜ」だけである。

一方、ＪＲ三ノ宮駅はというと、阪急、阪神、神戸高速鉄道、神戸市営地下鉄西神線・山手線、海岸線に加え、神戸新交通ポートアイランド線との乗りかえ駅にもなっており、乗降客の数や、駅周辺の商業施設の充実度など、さまざまな点で神戸駅を凌駕している。現在の神戸市の中心は、三ノ宮駅であることは間違いなさそうだ。旅行者はまず三ノ宮駅を目指せばいいだろう。

しかし、この国際都市の中心駅にも、さまざまな陥穽が待ち構えている。阪急と阪神の駅名は神戸三宮駅、海岸線の駅名は三宮・花時計前駅。ＪＲは三ノ宮という表記、他社は三宮という表記。各線のホームの位置も、高架上だったり、地下だったり、道路の向こう側だったりと、バラバラと言おうか、個性的です。三ノ宮も、一筋縄ではいかない乗りかえ駅なのだ。

「和駅」と「市駅」、和歌山市のユニークな2ターミナル

和歌山市内には、地元の人たちが「和駅」と呼んでいるＪＲの和歌山駅と、「市駅」と呼んでいる南海電鉄の和歌山市駅という、2つのターミナルがある。

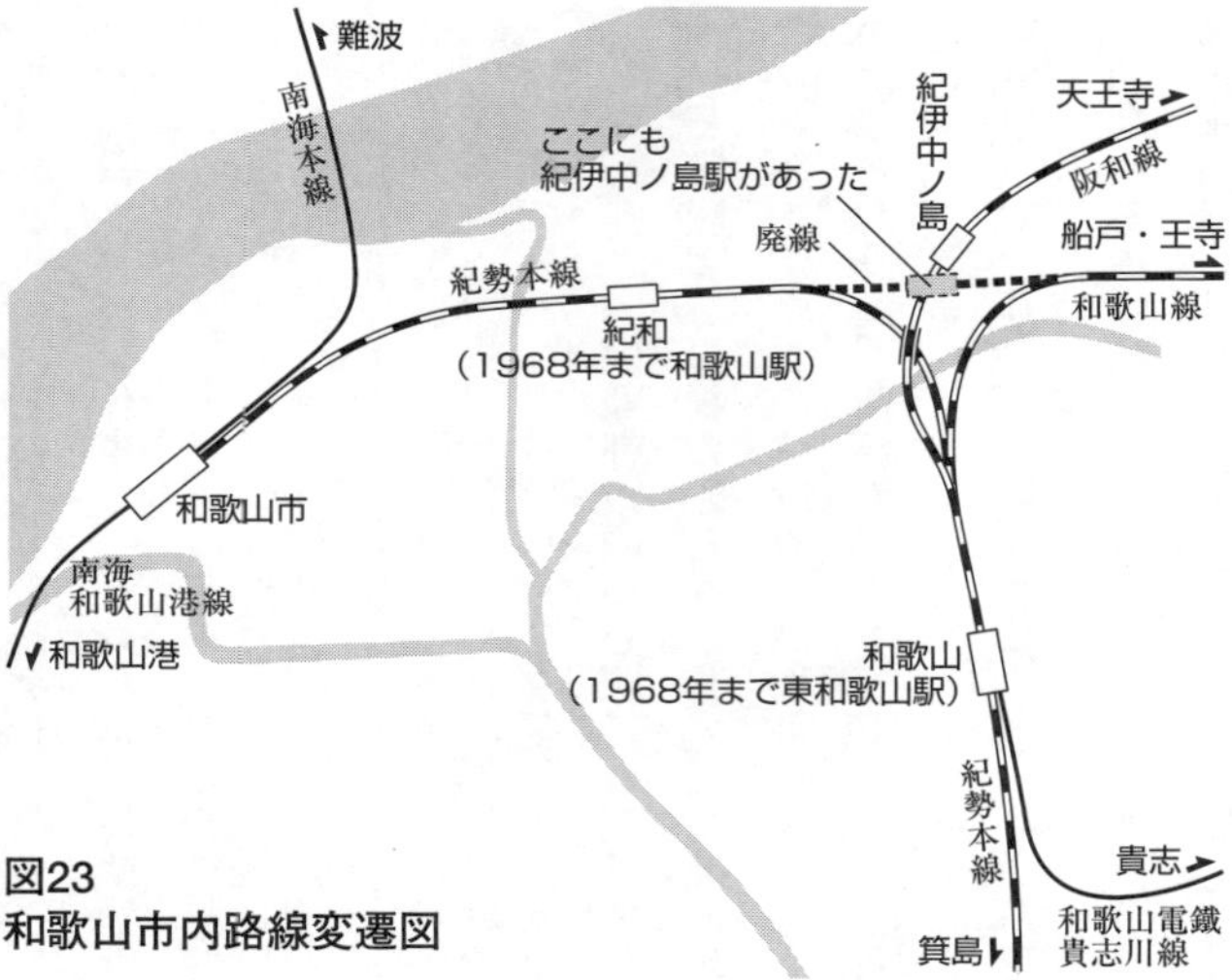

図23
和歌山市内路線変遷図

和駅は、ＪＲ紀勢本線の途中駅で、阪和線と和歌山線の終着駅であり、ネコの「たま」駅長で全国に名を知られるようになった和歌山電鐵貴志川線の始発駅にもなっている。市駅は、南海本線の終着駅であると同時に、南海和歌山港線や加太線の始発駅になっている。市駅はＪＲ紀勢本線の終着駅でもあるのだが、実質上の終着駅は途中駅の和駅のほうで、紀勢本線の和駅と市駅の間は「支線」のように扱われている。

市駅の開業は１９０３（明治36）年、和駅の開業は１９２４（大正13）年。実はこれより前に初代の和歌山駅である紀和駅が誕生している。

紀和駅は１８９８年に紀和鉄道（現ＪＲ和歌山線）の和歌山駅～船戸駅間開通時に開業しているが、のちに紀和鉄道は南海の開業に合わせて路線を和歌山市駅まで延長し、初代和歌山駅は中間駅になった。和歌山市駅は、開業当初から乗りかえ駅だったのだ。

現在の和歌山駅である和駅は、国鉄紀勢西線の和歌山駅（ややこしいが、今の紀和駅）と箕島駅間が開業したときに設けられ、当初は東和歌山駅と名乗っていた。開業と同時に山東軽便鉄道（現和歌山電鐵貴志川線）も開通したので、和駅も初めから乗りかえ駅だった。

１９３０（昭和５）年には、阪和電気鉄道（現ＪＲ阪和線）が東和歌山まで開通。阪和電気鉄道はその2年後に、当時田井ノ瀬駅から現紀和駅に向かっていた国鉄和歌山線との交点近くに紀伊中ノ島駅（開業時は中之島駅）を設けている。１９３５年には和歌山線にも駅が設けられ、紀伊中ノ島駅は乗りかえ駅になった。

時流れて１９６８年、国鉄のターミナルとして発展してきた東和歌山駅は和歌山駅を名乗ることになり、旧和歌山駅は紀和駅に改称された。１９７２年には、田井ノ瀬駅と現和歌山駅の間を結んでいた貨物線が利用され、和歌山線の旅客列車は和歌山駅発着となった。１９７４年には、和歌山線の田井ノ瀬駅〜紀伊中ノ島駅〜紀和駅間が廃止され、紀伊中ノ島駅は単独駅となった。

こうして、新旧の和歌山駅、和歌山市駅、東和歌山駅など、ここまでたくさんの「和歌山駅」が入り乱れ、それに線路の開通、付け替え、廃線などが絡まって、たびたび書き換えられてきた和歌山市周辺の鉄道路線網がようやく落ち着くのである。それにしても、ややこしい。

しかし、和歌山の鉄道路線網は、これで収まりがついたわけではない。今、「支線」扱いとなっている紀勢本線の市駅と和駅を結ぶ路線に、南海電鉄が大阪からの直通電車を走らせる案があるという。なんば発市駅経由和駅行きの直通路線ができるかもしれないということですね。この先、和駅と市駅がどう変わるのか、それはまだ誰にもわからない。

連絡船との乗りかえ駅●和歌山港駅

和歌山に2つのターミナルがあることについては、国鉄、JRと、南海電鉄それぞれの、「和歌山から先」の目的地が分かれていることも要因となっている。国鉄、JRにとっての和歌山は、京阪神や奈良と南紀方面を結ぶ中継点であるのに対して、南海は和歌山港から徳島港へ向かう四国連絡の役割を担っているためだ。

南海電鉄は、かつては旧1000系電車を使用した特急「四国号」を、現在は特急「サザン」を、なんば駅と市駅の1駅先の和歌山港駅間で運行している。和歌山港駅では、系列会社の南海フェリーが運航するフェリーに連絡している。和歌山港駅は、近頃では珍しくなった、鉄道と鉄道連絡船との乗りかえ駅なのだ。本州～四国連絡の主流が瀬戸大橋などの橋梁経由に移行した後も、和歌山～徳島連絡フェリーは健在だ。現在も毎日8往復の便船が紀伊水道を行き来している。

11　ミステリアスな乗りかえ駅

ローカル線の終着駅なのに乗りかえ駅？●新十津川駅

札沼線（81ページ）の終着駅新十津川駅は、ミステリーが似合う駅だ。白い雪原に深紅のコートの死体が、といったストーリーが展開するわけではないのだが。

現在、新十津川駅を発着する列車は1日3往復（2016〈平成28〉年3月26日から1往復！）。例えば、12時59分発の5428Dに乗車して石狩当別駅で乗りかえると、札幌駅到着は15時14分。札幌駅を16時ちょうどに出発する函館本線の特急「スーパーカムイ25号」旭川駅行きに乗れば、16時52分に滝川駅に到着できる。新十津川駅から滝川駅まで3時間53分の旅程だ。しかし、新十津川駅で5428Dの発車を見送った後、滝川に向かえば、14時前に滝川駅に到着できるのだ。この3時間の空白、あなたが犯人なら、どう使いますか？

いや、斬新なトリックがあるわけではない。新十津川駅は1面1線の無人駅。がらんとしたホームに降り立つと、折り返しの札沼線に乗って引き返そうかと、思わず心細くなってしまうような北国の終着駅だ。が、しかし、木造の小さな駅から3、4分歩き、新十津川町役場前のバス停からバスに乗れば、わずか14分でJR滝川駅前の滝川バスターミナルに到着できるのである。

函館本線と札沼線は、石狩川の左岸と右岸に分かれて、ほぼ並行して走っている。新十津川駅は単独駅の終着駅ではあるけれど、バス（と川）を介して滝川駅と連絡する乗りかえ駅と言えなくもない。

図24
芸備線・可部線路線図

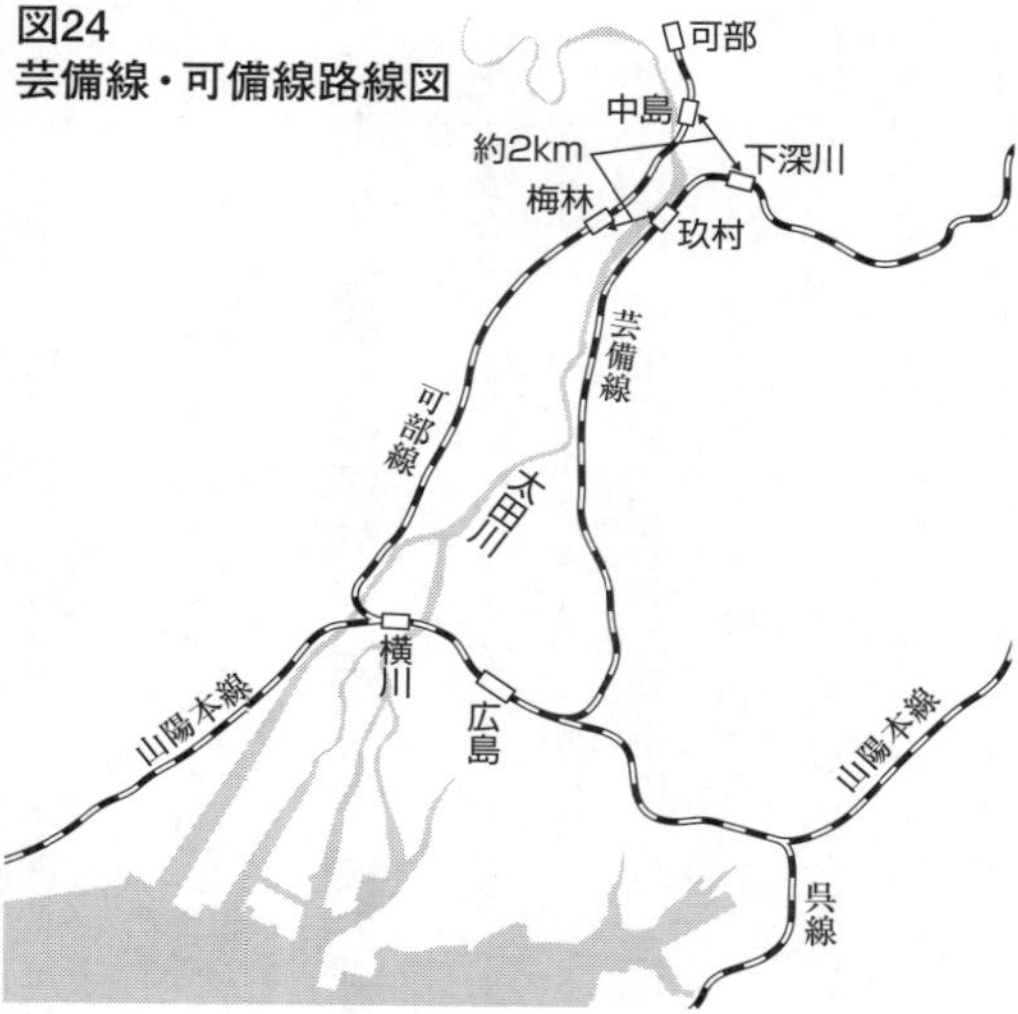

徒歩で、自転車で、列車を追い越す！

●芸備線と可部線、飯田線

川を挟んだ乗りかえ駅の例をもう一つ。広島県の可部線は、山陽本線の横川駅から太田川の西岸を可部に向かって北上している。芸備線は、広島駅から三次駅や新見駅を目指して北東方面に向かっているが、下深川駅付近までは太田川の東岸に沿ってほぼ北上し、下深川駅の先で北

図25
飯田線路線図

東方面に向きを変えている。

芸備線が可部線に最も近づくのが玖村駅から下深川駅にかけてで、芸備線の玖村駅と可部線の梅林駅、芸備線の下深川駅と可部線の中島駅の間は、それぞれ2キロほどしか離れていない。つまり、列車で芸備線の下深川駅から広島駅を経由して可部線の中島駅まで行くには、乗り継ぎ時間を入れなくとも1時間ほどは必要だが、歩けば約30分、自転車ならもっと早いということになる。地元では当然の選択肢だろうけれど、旅行者の場合、地図や路線図を見ないと気がつけないという例だ。

遊びついでにもう一例。愛知県の豊橋と長野県の上伊那とを結ぶ飯田線の前後には、電車より5駅先回りできる（乗車している電車を降りて、別ルートでその電車に追いつくことができる）区間がある。

下山村駅から、伊那上郷駅までの間がその区間だ。この両駅間は飯田線上では6・4キロあるが、直線距離はわずか2キロほどだ。これは飯田線の線路が、天竜川に注ぐ松川の谷をなるべく短い鉄橋でわたろうと、松川の上流までぐるりと迂回しているためだ。両駅間の乗車時間は15分ほどなので、途中下車して電車に追いつくのは無理のように思えるが、一部の列車は飯田駅に10分以上停車することがあるため、その間に追いつくことができる。

新十津川駅、下深川駅、中島駅、伊那上郷駅などはみな単独駅で、本来、乗りかえ駅のカテゴリーには入らないのだが、バスや自転車を使ったり、歩いたりすれば、列車よりずっと早く別の駅に到着できる。ユニークな乗りかえ駅と言えなくもないと思うのだが、どうでしょう？

12 面白乗りかえ駅がある路線

【JR編】歴史、駅名、運行形態――すべてが独特・異色●鶴見線

鶴見線は、何かと面白い。まず、3つの支線を含めた路線の形（付き方）が面白いし、駅名が面白い。朝夕と昼間、平日と週末の落差も面白い。そして何より、乗りかえ駅が面白い。

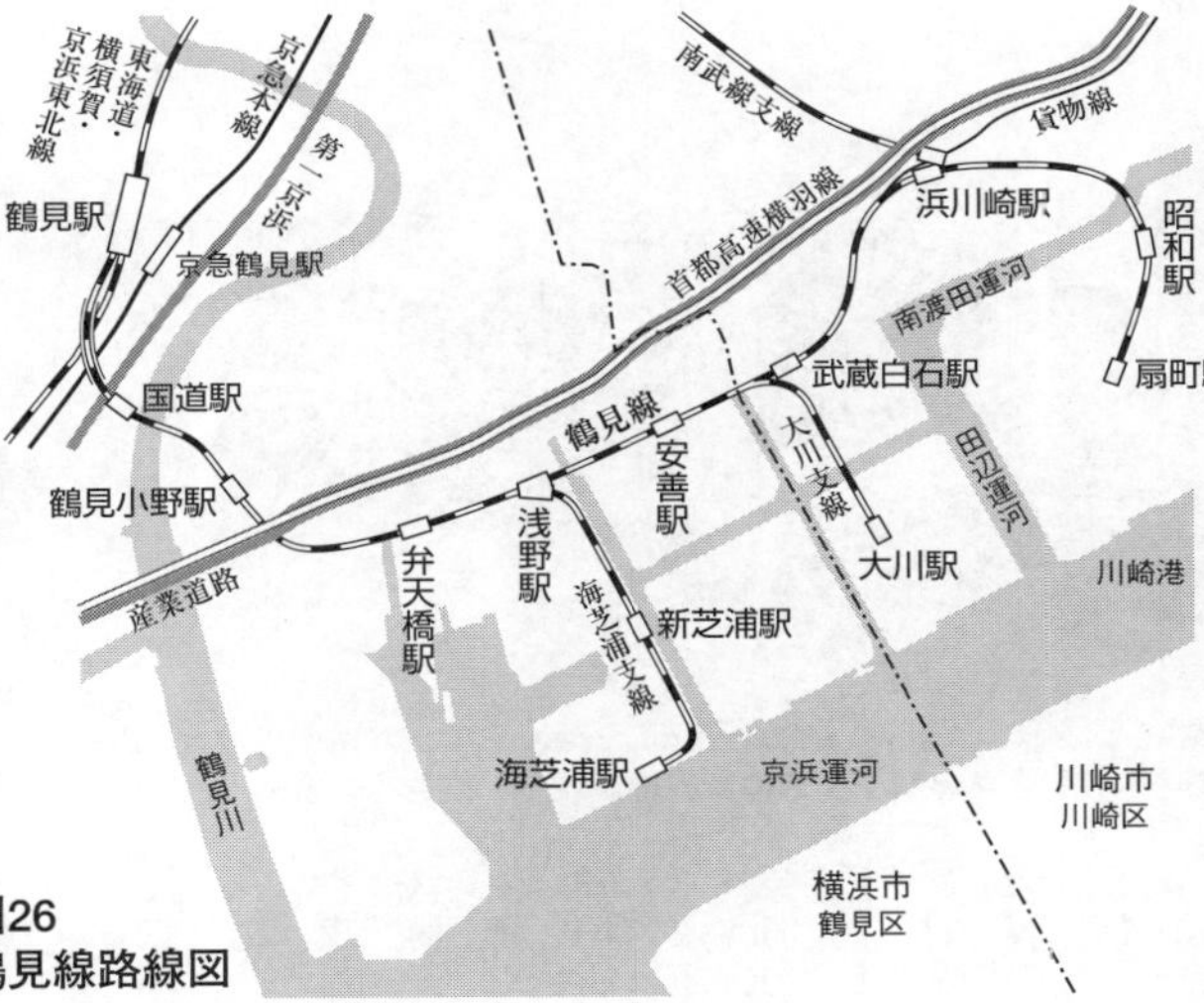

図26
鶴見線路線図

鶴見線の面白さは、一にも二にもその成立過程によっている。路線の略図（工場引き込み線を含む）を見ると、まるで4本足の生き物のようだ。4本の足は港の桟橋に延びている引き込み線のようにも見える。実際、開業当時は工業地帯の臨港鉄道だったからだ。

まず1926（大正15）年に、鶴見臨港鉄道の浜川崎駅〜弁天橋駅間が開業した。これが現鶴見線の最初の開業区間である。開業からしばらくの間は貨物線で、旅客営業を開始したのは1930（昭和5）年。1934年に京浜東北線の鶴見駅に乗り入れ、1940年の新芝浦駅〜海芝浦駅間の開業をもって、現在の営業路線が出そろった。1943年には「戦時買収私鉄」に指定されて国有化され、鶴見線となった。

工場への引き込み線や貨車の留置線が並ぶ、鶴見線安善駅

沿線の工場や会社を結ぶように建設された鶴見線の駅のいくつかには、企業グループの創業者の名前が付けられている。

たとえば浅野駅は、浅野セメント（現太平洋セメント）や東洋汽船などを傘下に収めていた浅野財閥の創業者、浅野総一郎にちなんでいる。安善《あんぜん》駅は、現在の明治安田生命やみずほ銀行などを擁する安田財閥の創業者である安田善次郎に由来している。武蔵白石駅は日本鋼管（現ＪＦＥグループ）創業者の白石元治郎の名を、大川駅は製紙王の大川平三郎の名を冠した駅だ。鶴見線の駅名は、近代日本の殖産興業に尽力した財界人のモニュメントとも言えそうだ。このような成り立ちの路線であるから、乗客の大半は企業や工場への通勤者であり、時間帯や曜日によって混雑の度合いが異なるのは当然だろう。

鶴見線の乗りかえ駅は、京浜東北線との乗りかえ駅である鶴見駅、海芝浦支線との乗りかえ駅の浅野駅、南武線支線との乗りかえ駅の浜川崎駅。大川支線の乗りかえ駅は、安善駅となる。

鶴見駅では、鶴見線の駅だけが高架上にあり、京浜東北線と鶴見線ホームの間には、なぜか中間改札と乗りかえ精算機が設けられている。ここでは、鶴見駅以外すべて無人駅である鶴見線の各駅と京浜東北線の乗りかえ客のための運賃精算や発券業務がまとめて行われている。高架のホームといい、中間改札の存在といい、いまだ私鉄のような気配を濃厚に漂わせている気がする。

浅野駅には、扇町駅方面の本線に島式ホームが1面2線、海芝浦駅方面の支線に相対式ホームが2面2線ある。海芝浦駅方面に向かう線路は駅構内で大きなカーブを描いていて、下り線のホームは不必要に思えるほど大きな三角形をしている。朝の通勤時間帯には混雑するのだろうが、ひと気の絶えた昼間はちょっとした公園のようで、近所のネコの格好の昼寝場所になっている。

大川支線の起点であり、分岐駅である武蔵白石駅は、相対式ホームが2面2線という構造。1996年までは大川支線専用ホームの3番線、4番線があったのだが、ホームの長さが40メートルもなく、かつ急カーブの途中にあったため、現在の首都圏通勤形電車の標準車両である車体長20メートル級の電車が入線できず（こんなこともあるのです）、ホームが撤去されてしまった。ホームがないため、大川支線との乗りかえは隣の安善駅で行うのだが、大川支線自体の起点は武蔵白石駅、なのである。
浜川崎駅も見てみよう。浜川崎駅は南武線支線との乗りかえ駅だが、改札口を抜けても、ホームに降り立っても、南武線の乗り場は見当たらない。というのも、南武線の浜川崎駅は鶴見線と同じ構内ではなく、間に道路1本を挟んだ北側にあるからだ。この駅はいろいろと注意が必要な駅で、たとえば、駅跨線橋の南側出口はＪＦＥスチール社専用で、関係者以外は利用できない。また、南武線に乗りかえる場合、簡易ＩＣカード改札機にタッチすると出場扱いになってしまい、南武線で新たに運賃を支払うことになる。

乗りかえ駅ではないが、海芝浦駅も面白い。ホームが京浜運河に面していて、真下は海。この駅のホームは海の真上に設けられているのだ。ホームに降り立って海を眺めるために行く駅、と言ってよいでしょうね。というのは、一般旅客は改札の外に出ることができないからだ。駅全体が東芝京浜事業所の敷地内にあり、改札口は東芝の入り口となっているため、社員か関係者以外は先に進むことができないのである。

が、そこは東芝。駅に隣接して、東芝が敷地を提供した海芝公園があり、こちらは誰でも入場できるようになっている（出入り口は駅とホームの間にある）。近年では東京湾や鶴見つばさ橋見物、工場地帯の夜景観賞や初日の出の名所として知られるようになった。海芝浦支線の終着駅で初日の出を見て折り返す。これもオツな乗りかえではないだろうか。

【私鉄編】新規計画も目白押し、元気なローカル路線●富山地方鉄道

富山地方鉄道は、電鉄富山駅を起点に富山県下に路線網を広げている地方鉄道で、地元富山県では「地鉄」と呼ばれて親しまれている。地方鉄道ながら路線の総延長は鉄道線、軌道線（富山市内軌道線、通称市内電車）合わせて１００・８キロに及び、大手私鉄の京阪電鉄（91・1キロ）、京浜急行（87キロ）、京王電鉄（84・7キロ）、阪神電鉄（48・9キロ）、相模鉄道（35・9キロ）をも上回っている。路線距離が長い分だけ乗りかえ駅の数も多く、ユニークな構造や接続、成り立ちが多く見られる。

沿線が魅力的なのは言うまでもない。立山や黒部峡谷、宇奈月温泉などの観光地があり、これらの観光地を結んで、元西武鉄道のレッドアロー５０００系を用いた「アルプスエキスプレス」や、京阪のテレビカー初代３０００系の2階建て車両を用いた「ダブルデッカーエキスプレス」などが運転されている。

電鉄富山駅は、北陸新幹線、ＪＲ高山本線、北陸本線転換三セク鉄道・あいの風とやま鉄道などの路線の拠点となる富山駅と乗りかえ駅になっている、地鉄のターミナルだ。ＪＲ富山駅が高

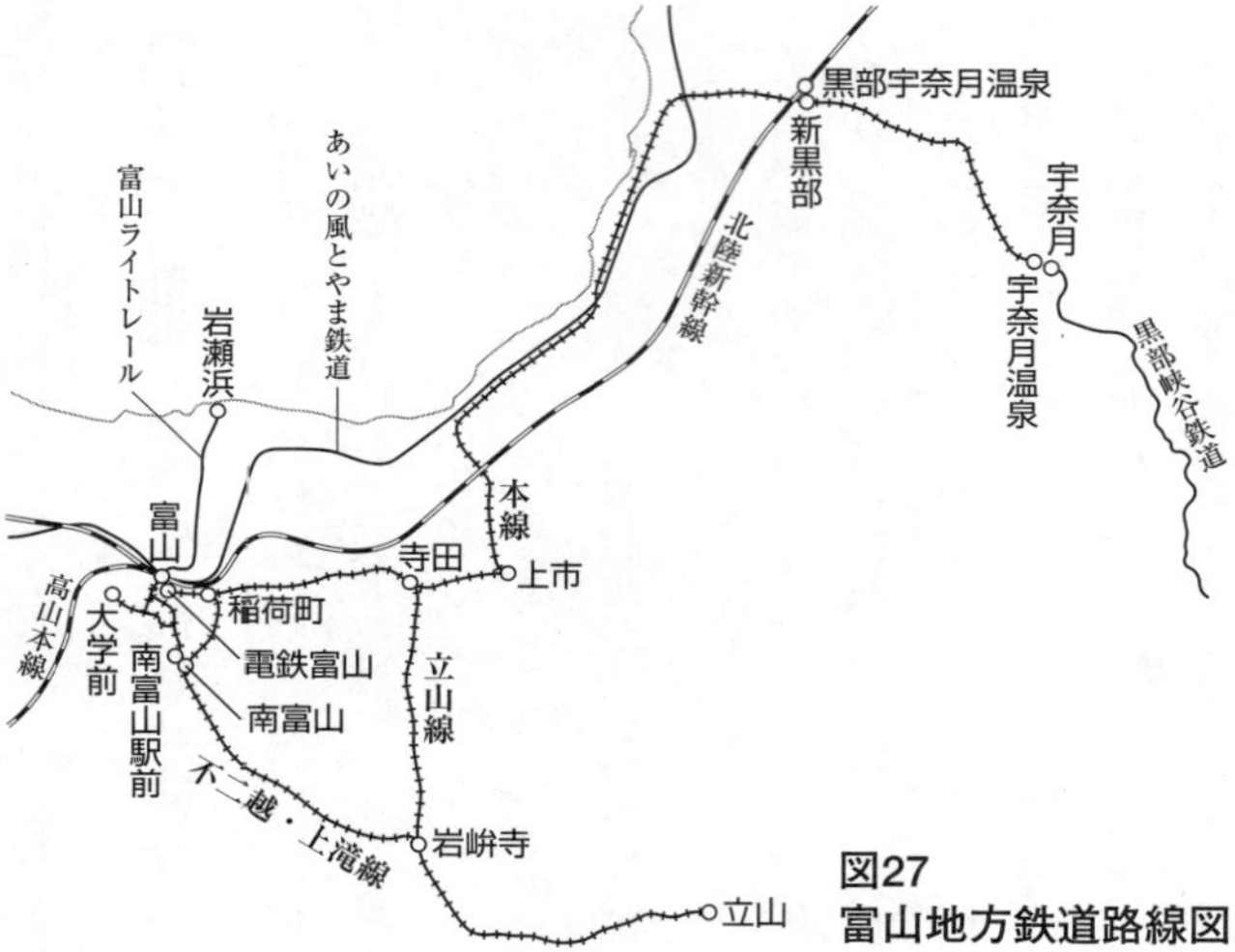

図27
富山地方鉄道路線図

架化された2010（平成22）年以前はJR線との間に連絡線があり、途中にはデッドセクション（71ページ）が設けられ、特急「サンダーバード宇奈月」、急行「立山」、特急「北アルプス」などが乗り入れていた。特急「北アルプス」は、名古屋鉄道が所有していたディーゼル特急で、私鉄の名鉄〜国鉄高山本線〜私鉄の地鉄という、珍しい乗り入れ運転を行っていた列車だ。

地鉄の鉄道線には、電鉄富山駅と宇奈月温泉駅を結ぶ本線、本線の途中の寺田駅から分岐して立山駅に至る立山線、本線の稲荷町駅から分岐して南富山駅経由で立山線の岩峅寺《いわくらじ》駅に連絡する不二越線・上滝線の3系統4路線がある。鉄道線同士の乗りかえ駅の寺田駅、稲荷町駅、岩峅寺駅の3駅は、乗り入れる2路線のホームが平行しておらず、すべて二股に開いている。

寺田駅は、駅舎に一番近い南側のホームが立山線下り立山方面行きの4番線で、向かい側に立山線上りの3番線と本線上りの1番線ホームがあり、一番北側に本線下り宇奈月温泉方面行きの2番線がある。4、3、1、2と並んでいる番線の付け方も、立山線が右側通行であることも、珍しい。

宇奈月温泉駅と立山駅を結ぶ「アルプスエキスプレス」は寺田駅でスイッチバックを行うが、構内配線上そのまま折り返すことができないため、宇奈月温泉発立山行きの特急はまず1番線に停車して乗客を降ろし、いったん電鉄富山駅側に進んでから折り返して4番線に停車し、乗客を待つ。立山駅～宇奈月温泉駅行き特急は、まず3番線に停車して、電鉄富山駅側で折り返し、2番線で乗客を待つ。

剱岳登山口の一つである本線の上市駅はスイッチバックになっていて、以前は上市口駅という名の乗りかえ駅だった。これは、かつて現上市駅から600メートルほど東側に旧上市駅があり、そこまで路線が延びていた名残である。1943（昭和18）年に上市口駅～上市駅間が廃止になり、上市口駅が上市駅となった。

本線は、西滑川駅付近から新魚津駅の先までのおよそ12・5キロの区間を、あいの風とやま鉄道と並走している。その間の乗りかえ駅は滑川駅と新魚津駅の2駅だけしかなく、ほかは互いに別々の所に駅を設けているので、地元では不便をかこつ声が上がっているという。

新魚津駅は、1995(平成7)年まではJR北陸本線魚津駅と跨線橋で結ばれていて、駅名も同じ魚津駅を名乗っていた。しかし、この年、魚津駅の東西市街地を結ぶ地下道が完成し、地鉄魚津駅のホームへは地下道の途中から入るように変更されたのを機に、跨線橋が廃されて、駅名も新魚津駅に変わった。

地鉄で一番新しい駅が、北陸新幹線の乗りかえ駅として新設された新黒部駅で、開業は2015(平成27)年2月である。乗りかえ先の北陸新幹線の駅は黒部宇奈月温泉駅で、駅名が異なっているが、もともと、計画段階の仮称は新黒部駅だった。開業に先立ち、JR西日本は地元黒部市などとも協議を行った結果、新駅の名称を黒部宇奈月温泉駅に決定したが、地鉄側は本線終点の宇奈月温泉駅と紛らわしいとして、仮称のままの新黒部駅が採択された。ちなみに、黒部宇奈月温泉駅を「くろべうなづきおんせん」と仮名で表記した場合の文字数は11文字で、全国の新幹線駅名で最長である。

本線終点の宇奈月温泉駅は、広い構内に何本もの線路が並び、多くの車両が停車している。しかし、地鉄の宇奈月温泉駅はホームが1面、線路は2線だけで、他の線路はすべて、この駅で連絡する黒部峡谷鉄道の施設である。

黒部峡谷鉄道は、トロッコ列車に揺られて黒部峡谷の断崖絶壁上を進む観光鉄道である。新緑の季節、夏休み、紅葉の季節などには大勢の観光客で賑わい、運行本数も増便される。宇奈月温泉駅は黒部峡谷鉄道の乗りかえ駅なのだが、黒部峡谷鉄道の乗り場である宇奈月駅までは２５０メートルほど離れているので、観光客の立場から見ると、乗りかえ駅とは思えないかもしれない。迷わないようにしよう。

立山線の終点、立山駅は、立山黒部アルペンルートの西のゲートウェイだ。連絡する鉄道路線はないが、美女平行き立山ケーブルカーの乗りかえ駅で、立山砂防軌道に乗車する際も、立山駅を利用する。

南富山駅は、鉄道線と軌道線の乗りかえ駅となっている。駅の南には軌道線の車庫の南富山車両基地が設けられ、留置されている路面電車の姿を眺めることができる。鉄道駅と軌道線車庫の間をよくよく見てみると、双方の線路がつながっているのがわかる。この線、現在は、稲荷町駅にある地鉄の工場へ路面電車が出入りする際に使われているだけだが、将来的には鉄道線と軌道線の直通運転を行うという計画があるとも聞く。

鉄道線と軌道線の直通運転は、ヨーロッパの都市で数多く行われていて、この方式を確立したドイツの都市、カールスルーエの名前から、「カールスルーエ方式」と呼ばれている。元祖カールスルーエ市のSバーン（市内・近郊電車）は、郊外ではドイツの高速列車ICEも走るドイツ鉄道の本線上を100キロ近い速度で走り、市街地に近づくと軌道に移って、時速20キロほどのスピードでショッピングモールをゆるゆると進む。郊外の住宅地から市内の中心部まで乗りかえなしに行けるとあって、市民受けが非常によいという。

一方、富山地鉄の市内線は、近い将来、富山駅北と岩瀬浜の間を走る富山ライトレールと結ばれ、相互乗り入れが行われる予定だという。また、現在の終点の大学前からさらに新規路線を建設する案もあるそうだ。さまざまな計画が目白押しの元気な路面電車で、わくわくする。乗りかえ駅や乗りかえ停留所の変遷を追うだけでなく、しばらくは地鉄から目を離さないようにしたい。

13 今は昔——思い出の急行列車と乗りかえ駅

便利なような、不便なような、乗りかえ不要の多層建て列車●急行「陸中」

異なる行き先の列車を1本にまとめて、途中駅で分割、併合する列車を多層建て列車という。

東京駅を出るときは1本の列車だが、盛岡駅で新青森駅行きと秋田駅行きに分かれる東北・秋田新幹線の「はやぶさ」「こまち」や、熱海駅で伊豆急下田駅行きと修善寺駅行きに分かれる特急「踊り子」などが多層建て列車に当たる。京都駅発の山陰本線の特急「きのさき」「はしだて」「まいづる」は、単独で運転されることもあるが、多層建て列車になることもある。

図28　急行「陸中」分割・併合運転系統図

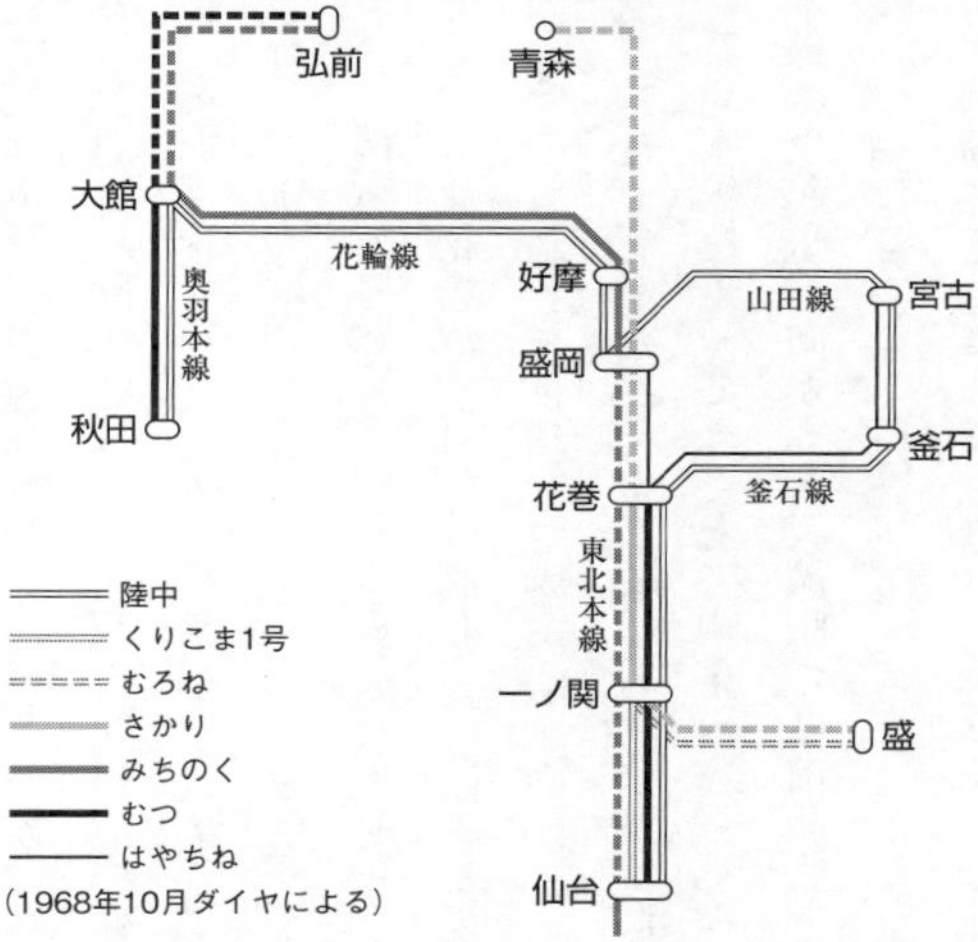

今の多層建て列車はごくシンプルな分割、併合になっているが、かつては複雑な経路をたどりつつ、行く先々で分割併合を繰り返す、奇々怪々な――たとえは悪いが、二股、三股をかけながら、離婚再婚を繰り返している名うての結婚詐欺師のような――列車があった。うっかり飛び乗ると、目的地とはかけ離れた路線や駅に連れ去られて痛い目に遭うこともあるのだが、品行方正一点張りの優等生にはない魅力もある。経路や停車駅、併結列車などを把握しておけば、駅での乗りかえなしに長大複雑な旅ができた。

1960年代、東北地方の路線では多数の多層建て気動車急行が運転されていたのだが、その中で無頼派中の無頼派といえば、急行「陸中」だろう。急行「陸中」は、仙台駅と秋田駅の間を東北本線、釜石線、山田線、再び東北本線、花輪線、奥羽本線という、現代から見るとはなはだ奇々怪々なルートで結んでいた。

急行「陸中」は、「くりこま1号」「むろね」とともに3階建て列車として仙台駅を出発した後、まず一ノ関駅で盛駅行きの「むろね」を分割するが、その代わりに盛駅発盛岡駅行きの「さかり」を併結する。花巻駅で再び分割し、「陸中」は釜石線へ。「くりこま1号」と「さかり」は釜石駅発の「はやちね」を併結して盛岡駅へ向かう。釜石線、山田線をぐるりと周回した「陸中」は、東北本線を直行した「くりこま1号」より5時間半近く遅れて盛岡駅に到着。盛岡駅では、常磐線、東北本線を走ってきた上野駅発の急行「みちのく」と連結し、好摩駅から花輪線を走って奥羽本線の大館駅へ向かう。大館駅で弘前駅行きの「みちのく」と別れた代わりに、今度は青森駅発の急行「むつ」と一緒になって、ようやく終点の秋田駅へ……。

所要時間さえ気にしなければ、乗りかえなしに行ける駅、併結列車内の移動だけで行ける駅がどれだけあったことか。たび重なる離婚と再婚……いや、めくるめく車内乗りかえの旅である。「陸中」の運転系統図（図28）の旅をとくとお楽しみください。

ぐるぐる回る、乗りかえ不要の循環列車●急行「そとやま」「五葉」ほか

前項で紹介した急行「陸中」と同じ時代、同じ路線を、盛岡駅発盛岡駅行き（！）という循環急行が走っていた。

盛岡駅～宮古駅～釜石駅～花巻駅～盛岡駅と時計回りに走る急行が「そとやま」で、逆回りの急行が「五葉」。列車名の由来となった外山高原や五葉山、それから、早池峰山、遠野の里、山田湾や大槌湾などの景色を愛で、ぐるりと一巡して盛岡に戻れる、今なら観光鉄道の理想型と称えられそうな列車だ。

盛岡駅から盛岡駅までの所要時間は、6時間10分前後。このルートでは、花巻駅と釜石駅の2駅でスイッチバックがあり、列車の向きが変わるので、列車は盛岡駅を出発したときと同じ向きで盛岡駅に戻っていた。

同じ気動車急行の時代、名古屋でも、名古屋駅発名古屋駅行きの循環列車、急行「こがね」が走っていた。急行「こがね」は、名古屋駅から米原駅まで東海道本線を走った後、富山駅まで北陸本線を走り、高山本線経由で岐阜駅から名古屋駅に戻っていた。

中部地方の西側半分をめぐって、名古屋駅から名古屋駅まで10時間以上。名古屋発とはいえ、

循環準急「そとやま」（気動車キハ58）の盛岡駅での出発式（1966年）

都市圏を走るわけではなく、現在からすると相当に酔狂なルートに思えるのだが、これなら乗りかえ駅は必要ない。逆回りの急行は「しろがね」といい、こちらは昼行と夜行の2列車が走っていた。

ジグザグ急行に離婚再婚急行
●急行「大社」「あきよし」「やえがき」

面白急行をもう少々。名古屋駅発大社駅（今は廃止）行きの気動車急行「大社」も、実にユニークなルートをたどっていた。名古屋駅から山陰出雲の大社駅へ向かうのなら、東海道本線を京都駅まで進んで山陰本線に入るか、大阪駅から福知山線に進むのが一般的だと思うのだが、「大社」は米原駅から北陸本線で敦賀駅に出て、敦賀駅から小浜線を走って西舞鶴駅に向かい、宮津線（現京都丹後鉄道）で豊岡駅に出て、そこで山陰本線に合流して大社を目指していた。
米原駅、敦賀駅、豊岡駅と、途中駅で都合3回もの方向転換。敦賀駅からは金沢駅発の急行「あさしお」を併結していた。京都駅や大阪駅を経由するのならば東海道新幹線を使って乗りかえたほうが早いということがあっただろうし、若狭や丹後地方の地域間輸送も考慮した結果だろうとは推測されるが、なかなかどうして奇抜である。使い方によっては便利でオツな列車で、宮脇俊三『最長片道切符の旅』の第23日にも、「わが最長片道切符の経路そのままだ。こういう列車があると乗らずにはいられない」とあった！

山陰本線の西部から九州へと走っていた急行「あきよし」や「やえがき」のルートも面白い。山陰本線の益田駅と下関駅を結ぶ路線は、山陰本線を直進するほか、益田駅から山口線で新山口駅（元小郡駅）に出て山陽本線を進むルート、長門市駅から美祢線を進んで厚狭駅から山陽本線に合流するルートの3本があり、どの路線を経由しても移動距離はほとんど変わらない。

山陰本線を下ってきた「やえがき」は、長門市駅で2本の列車に分かれて、それぞれ山陰本線と美祢線を走り、下関駅で再び合体して九州に向かっていた。同じく「あきよし」も益田駅で、山陰本線経由と山口線経由の列車に分かれて、厚狭《あさ》駅で合流していた。

このような運転系統の列車は「離婚再婚急行」と呼ばれていたが、「あきよし」は九州に入って

から も、小倉駅で再び離婚して、夫婦の一人は鹿児島本線を博多へ、もう一人は日田彦山線から久大本線に入って、天ケ瀬駅まで走っていた。再婚生活は、厚狭駅～小倉駅間の9駅だけ（停車駅は5駅だけ）だった。

乗りかえ駅と昭和の鉄道旅――ローカル私鉄エレジー

昭和30年代までは、鉄道が陸上交通の中心を担っていた。国鉄の幹線が頑健な骨格とすれば、支線や大手私鉄がよく鍛えた筋肉のように骨格を支え、地域の拠点駅からはローカル私鉄が毛細血管のように細やかに働いて、地方の人の動線や物流をカバーしていた。特に東北や北陸の各県にはローカル私鉄が多かった。１９６４（昭和39）年の鉄道地図を見ると、多数の私鉄がローカル輸送を担っていたのがわかる。国鉄駅を起点とする多数の中小私鉄路線があって、その路線の数だけ乗りかえ駅もあった。

東海道新幹線が開業した１９６４年の前年に、日本初の本格的な高速道路、名神高速道路が開通した。１９６６年には、トヨタ「カローラ」や日産「サニー」が発売され、モータリゼーションの時代が到来した。マイカーブームのあおりを受けて、都市部では路面電車が激減したし、地方ではローカル私鉄の廃止が相次いだ。乗りかえ路線が廃止された国鉄駅のほとんどは、単独駅

小坂鉄道「さようなら旅客列車運行セレモニー」風景（1994年）

になってしまった。

こうして振り返ってみると、南部縦貫鉄道の「レールバス」や花巻電鉄の「馬面電車」、頸城鉄道の「コッペル」蒸気機関車など、個性あふれるローカル私鉄の姿が郷愁とともに浮かび上がってくる。トシなのかな。いや、十和田観光電鉄（２０１２〈平成24〉年廃止）や、くりはら田園鉄道（２００７年廃止）などは、つい最近まで営業運転を行っていた。１９６９年の廃止直前になって社名を「磐梯急行電鉄」に改称したものの、最後まで軽便鉄道のままで、電化もされず、もちろん急行も走らなかった日本硫黄沼尻鉄道のような鉄道会社もあった。

歴史の向こうに埋没してしまったかのようなローカル私鉄だが、一部では保存の動きも見られる。小坂鉄道の旧小坂駅構内には「小坂鉄道レールパーク」が設

くりはら田園鉄道沢辺駅に停車中の気動車 KD951

けられ、ディーゼル機関車やラッセル車の運転体験が行われている。また、南部縦貫鉄道のレールバスや、尾小屋鉄道の気動車や機関車は大切に保存されていて、ときおり撮影会や運転会が催されている。

ローカル私鉄に乗って、乗りかえ、乗りかえ、旅をしていた時代を懐かしく思うのは、私だけではないようだ。

〈こんなにあった、東北と北陸のローカル私鉄と乗りかえ駅〉＊国鉄駅との乗りかえ駅

【青森県】

南部縦貫鉄道…＊千曳駅、のちの＊野辺地駅～七戸駅２００２年廃止

十和田観光電鉄…＊三沢駅～三本木駅（のちの十和田市駅）２０１２年廃止

南部鉄道…＊尻内駅（現八戸駅）～五戸駅１９６９年廃止

【岩手県】

松尾鉱業鉄道…＊大更駅～東八幡平駅１９７２年廃止

花巻電鉄…＊中央花巻駅～花巻温泉駅１９７２年廃止　＊花巻駅～西鉛温泉駅１９６９年廃止

【秋田県】

同和鉱業…＊大館駅～小坂駅１９９４年旅客営業廃止、２００９年廃止、～花岡駅１９８５年廃止

秋田中央交通…＊一日市駅（現八郎潟駅）～五城目駅１９６９年廃止

羽後交通…＊横手駅～二井山駅１９７１年廃止　＊湯沢駅～梺駅１９７３年廃止

【宮城県】

栗原電鉄（のちのくりはら田園鉄道）…＊石越駅～細倉駅２００７年廃止

仙北鉄道（のちの宮城バス）…＊瀬峰駅～登米駅１９６８年廃止、～築館駅１９５０年廃止

秋保電気鉄道…＊長町駅～秋保温泉駅１９６１年廃止

【山形県】

庄内交通…＊鶴岡駅～湯野浜温泉駅１９７５年廃止

山形交通…＊大石田駅～尾花沢駅１９７０年廃止　＊羽前高松駅～間沢駅１９７４年廃止
＊糠ノ目駅（現高畠駅）～二井宿駅１９７４年廃止

【福島県】

福島交通…＊福島駅～掛田駅・梁川駅1971年廃止　＊伊達駅～湯野町駅1967年廃止

日本硫黄沼尻鉄道（のちの磐梯急行電鉄）…＊川桁駅～沼尻駅1969年廃止

【新潟県】

蒲原鉄道…＊加茂駅～＊五泉駅1999年廃止

新潟交通…＊燕駅～県庁前駅（のちの白山前駅）1999年廃止

越後交通…＊来迎寺駅～大河津駅～＊寺泊駅1975年廃止、＊長岡駅～栃尾駅1975年廃止

頸城鉄道…＊新黒井駅～浦川原駅1971年廃止

【富山県】

加越能鉄道…米島口駅～＊伏木駅1971年廃止、＊石動駅～＊福野駅～庄川町駅1972年廃止

【石川県】

北陸鉄道…＊羽咋駅～三明駅1972年廃止、中橋駅～大野港駅1971年廃止

＊新寺井駅（現能美根上駅）～鶴来駅1980年廃止

＊小松駅～鵜川遊泉寺駅1986年廃止、＊動橋駅～片山津駅1965年廃止

＊新動橋駅～河南駅1971年廃止、＊大聖寺駅～山中駅1971年廃止

尾小屋鉄道…＊新小松駅～尾小屋駅1977年廃止

【福井県ほか】

京福電鉄…＊金津駅（現芦原温泉駅）～東古市駅1969年廃止、西長田駅～＊丸岡駅～本丸岡駅1968年廃止

勝山駅～京福大野駅1974年廃止

福井鉄道…＊武生駅～戸ノ口駅1971年廃止、水落駅～織田駅1973年廃止

Column 乗りかえ駅 ＪＲ時刻表編集部に聞きました【3】

Q　ＪＲ時刻表編集部推薦、東日本の面白乗りかえ駅を教えてください。
A

●桜川駅（阪神なんば線）⇔汐見橋駅（南海高野線）

2009（平成21）年に開業したピカピカの阪神桜川駅のすぐ横に、まるで時代に取り残されたような様相の南海高野線汐見橋駅がある。かつては名実ともに高野線の始発駅だったが、今では通称「汐見橋線」と呼ばれ、高野山方面への列車は発着しない。

●橿原神宮前駅（近鉄橿原線⇔近鉄南大阪線・吉野線）

同一会社だが、橿原線（1435ミリ）と南大阪線・吉野線（1067ミリ）で軌間が異なっている。南大阪・吉野線の車両が検査で五位堂検修車庫へ送られる際は、この駅で台車を履き替える作業を行う。

●生駒駅（近鉄奈良線・生駒線⇔けいはんな線）

生駒駅は近鉄のみの駅だが、けいはんな線のホームに入るには乗りかえ改札を通らなければならない。これは、けいはんな線が大阪市交通局中央線と相互乗り入れをしており、運賃形態が異なるための措置である。

●山科駅
（ＪＲ東海道本線・湖西線・京都市交通局東西線）⇔京阪山科駅（京阪京津線）

京都市交通局東西線から京阪京津線直通の電車に乗っていると、御陵駅の手前で「山科へおいでのお客様は六地蔵方面行きの電車に乗りかえを」という注意アナウンスが流れる。京津線直通の電車にそのまま乗っていてもＪＲ山科駅前にある京阪山科駅に行くことはできるが、そうすると会社を跨いでしまい運賃が高くなってしまうので、山科で降りるならば、このまま乗らずに後続の地下鉄に乗りかえるよう促している。

●住吉大社駅（南海本線）⇔住吉公園駅（阪堺電気軌道上町線）

南海住吉大社駅に寄り添うように存在していた住吉公園駅（2016年1月31日廃止）。乗りかえは至便と思いきや、この駅には朝の８時半頃以降、電車が1本もやってこない。待てど暮らせど、次の電車は翌日の朝。こんな都会でそんな不便なことがあるのかと思うが、心配はご無用。住吉大社駅の東口から100メートルも歩くと、同じ阪堺電車の住吉鳥居前駅があるので、そちらから問題なく乗りかえることができた。

おわりに

昔、旅先で乗りかえ駅にいる時間が好きだった。乗りかえ駅にいるということは、まだ旅の途中にいるということだから。次の駅を目指している間は、帰ることを考えずにいられる。

学生の頃、均一周遊券という、急行列車の自由席に乗り放題の安くて便利な切符があった。1972（昭和47）年頃、東京発着の北海道均一周遊券は、通用期間が16日で、7440円。学割なら2割引で、冬期はさらに2割引になったと記憶している。日本各地に急行列車や夜行の鈍行列車が走っていた時代の話で、均一周遊券を護符のようにして、その日、その日の気分で列車を乗りかえ、乗り継ぎしながら、北海道や九州を旅していた。道北の音威子府《おといねっぷ》駅や南九州の薩摩大口駅で、次はどこへ向かおうか、それとも途中下車して街をぶらつこうか、などと考えながら、ぼんやり時刻表を眺めていたことを思い出す。

しかし、天北線がなくなって、音威子府駅は宗谷本線の単独駅になり、山野線と宮之城線が廃線になって、薩摩大口駅はなくなってしまった。

ひっそりと消えゆく乗りかえ駅がある一方で、新線が開業して新たな乗りかえ駅が誕生することもある。小さな乗りかえ駅に次々に新しい路線が乗り入れて、気がつくと巨大なターミナルに姿を変えていることもある。

乗りかえ駅が成立する過程、移り変わる背景、構造や配線、利便と不便のせめぎ合い、複雑に入り組んだ列車の運用……。こうした事柄すべてが乗りかえ駅の不思議さになり、面白さになる。

一方、個人が利用する個々の駅については、時刻表や鉄道会社のホームページで、駅構内図、乗りかえ時間、電車の何両目に乗れば乗りかえ時間が短縮できるかまで、詳細で便利な情報がすぐさま手に入る時代である。

そこで本書では、特徴的な例を引きながら、乗りかえ駅の全体像（のようなもの）をあぶり出したいと思った。およそ大それた試みであり、総論的に検証できたとは言いがたいが、乗りかえ駅の謎や不思議の片鱗でも示すことができていれば、と願う。

本文では紹介しきれなかったが、首都圏だけでも、飯田橋駅、南千住駅、それから、近年急激に拡大した大崎駅、乗り入れ路線全部がかつては私鉄だった立川駅など、面白乗りかえ駅は、まだまだたくさんある。現在工事中の相模鉄道神奈川東部方面線が開業すると、新横浜駅や日吉駅も生まれ変わる。そんな将来像もちらほら見えてきた。本書を、乗りかえ駅の面白さについて、再発見、再確認するきっかけにしていただければうれしい。

最後になったが、本書は、敬愛する鉄道作家、原口隆行さんと交通新聞社の土屋広道さんのお力添えがあって書き始めた。

本づくりにあたっては、交通新聞社の「プロ鉄」のみなさんにたくさんのご教示をいただいた。時刻表編集部による乗りかえ駅の話には、思わずにやり。「旅の手帖」編集部の方には、岡山駅第3ホームの写真を撮ってきてくださった（岡山駅の「切り欠きホーム」や、3本の列車が並んだ様子をご覧ください）。また、鉄道の知識が詰まった図版の見事さに感動している。私の不勉強さ、いたらなさについてはご容赦いただく必要があるが、図版を見るだけでも楽しい本になったと思う。力を貸してくださったみなさんに心から感謝申し上げたい。

特に、新書編集部編集長の伊藤真一さんの的確なアドバイス、編集担当の新垣奈都子さんの細やかな対応に助けられた。伊藤さん、新垣さん、ありがとうございました。

2016年2月　西森 聡

主要参考文献（順不同、※定期刊行物の年月号は省略）

『日本国有鉄道百年史』日本国有鉄道編（日本国有鉄道、1969～1974年）
『内田百閒全集』第5巻、第7巻（講談社、1972年）
『日本の鉄道　なるほど事典』種村直樹著（実業之日本社、2002年）
『中央線誕生』中村建治著（イカロス出版、2003年）
『鉄道用語事典』久保田博著（グランプリ出版、2003年）
『京王電鉄物語』松本典久著（ネット武蔵野、2003年）
『駅と路線の謎と不思議』梅原淳著（東京堂出版、2004年）
『山手線誕生』中村建治著（イカロス出版、2005年）
『鉄道忌避伝説の謎　汽車が来た町、来なかった町』歴史文化ライブラリー22、青木栄一著（吉川弘文館、2006年）
『図説　駅の歴史　東京のターミナル』交通博物館編（河出書房新社、2006年）
『まるわかり鉄道用語の基礎知識850　用語から知る鉄道の技術、知識、文化』池口英司著（イカロス出版、2007年）
『写真でくらべる昭和と今　国鉄風景の30年』二村高史著（技報堂出版、2008年）
『図説　日本鉄道会社の歴史』松平乗昌編（河出書房新社、2010年）
『最長片道切符の旅』宮脇俊三著（新潮社、1979年）
『昭和の鉄道　近代鉄道の基盤づくり』須田寛著（交通新聞社、2011年）
『鉄道名所の事典』伊藤博康（鉄道フォーラム）著（東京堂出版、2012年）
『百駅停車』杉崎行恭著（新潮社　2013年）
『上野発の夜行列車・名列車　駅と列車のものがたり』山田亮著（JTBパブリッシング、2015年）
『週刊朝日百科　JR全駅・全車両基地』（朝日新聞出版）※
『週刊朝日百科　私鉄全駅・全車両基地』（朝日新聞出版）※
『交通公社の時刻表』（日本交通公社）※
『公認汽車汽船旅行案内（三本松の時刻表）』（旅行案内社）※
『鉄道ピクトリアル』（電気車研究会・鉄道図書刊行会）※
『鉄道ファン』（交友社）※
『JR時刻表』（交通新聞社）※

西森　聡（にしもり そう）

1954年東京生まれ。旅カメラマン。ヨーロッパ、とりわけドイツやスイスを中心に撮影。著書に『アルプスの少女ハイジ』『グリム幻想紀行』『旅するアンデルセン』『ピノッキオみつけた』（共著、いずれも求龍堂）、『ぼくは少年鉄道員』（福音館書店）、『ヨーロッパ鉄道紀行　15日間で6カ国をめぐる車窓の旅』（コロナ・ブックス、平凡社）、『たくさんのふしぎ』（福音館書店）では、『ドイツの黒い森』（1997年12月号）、『走れ、ＬＲＴ―路面電車がまちをかえた』（2001年9月号）、執筆の仕事に『世界の車窓からDVDブック』シリーズ（朝日新聞出版）などがある。

交通新聞社新書088

そうだったのか、乗りかえ駅

複雑性と利便性の謎を探る

(定価はカバーに表示してあります)

2016年２月24日　第１刷発行

著　者――西森　聡

発行人――江頭　誠

発行所――株式会社　交通新聞社

http://www.kotsu.co.jp/

〒101-0062　東京都千代田区神田駿河台2-3-11

NBF御茶ノ水ビル

電話　東京（03）6831-6560（編集部）

東京（03）6831-6622（販売部）

印刷・製本―大日本印刷株式会社

ISBN 978-4-330-63916-1